QUEM É O ESTADO ISLÂMICO?

COMPREENDENDO O NOVO TERRORISMO

ORGANIZAÇÃO: Éric Fottorino

QUEM É O ESTADO ISLÂMICO?

COMPREENDENDO O NOVO TERRORISMO

TRADUÇÃO Fernando Scheibe

autêntica

Título original: *Qui est Daech ? Comprendre le nouveau terrorisme*

Publicado através de acordo com Éditions Philippe Rey em conjunto com seu agente e coagente devidamente designados L'Autre Agence e Villas-Boas & Moss Agência Literária.

EDITORA RESPONSÁVEL
Rejane Dias

EDITORA ASSISTENTE
Cecília Martins

REVISÃO
Ana Carolina Lins

PROJETO GRÁFICO E CAPA
Diogo Droschi
(imagem de capa: reprodução)

DIAGRAMAÇÃO
Carol Oliveira

Dados Internacionais de Catalogação na Publicação (CIP)
(Câmara Brasileira do Livro, SP, Brasil)

Quem é o Estado Islâmico? : compreendendo o novo terrorismo / organização Éric Fottorino ; tradução Fernando Scheibe. -- Belo Horizonte : Autêntica Editora, 2016.

Título original: Qui est Daech ? Comprendre le nouveau terrorisme.
Bibliografia.
ISBN 978-85-8217-869-0

1. Estado Islâmico (Organização) 2. Terrorismo - Aspectos religiosos - Islã 3. Terrorismo - Oriente Médio 4. Terroristas - Iraque 5. Terroristas - Síria I. Fottorino, Éric.

16-01218 CDD-956.054

Índices para catálogo sistemático:
1. Oriente Médio : Estado Islâmico : Organização : História 956.054

GRUPO **AUTÊNTICA**

Belo Horizonte
Rua Carlos Turner, 420
Silveira . 31140-520
Belo Horizonte . MG
Tel.: (55 31) 3465 4500

Rio de Janeiro
Rua Debret, 23, sala 401
Centro . 20030-080
Rio de Janeiro . RJ
Tel.: (55 21) 3179 1975

São Paulo
Av. Paulista, 2.073,
Conjunto Nacional, Horsa I
23° andar . Conj. 2301 .
Cerqueira César . 01311-940
São Paulo . SP
Tel.: (55 11) 3034 4468

www.grupoautentica.com.br

Sumário

07. Introdução
Éric Fottorino

09. Tentando compreender
Edgar Morin

15. O califado selvagem
Tahar Ben Jelloun

19. Um islã sem raízes nem cultura
Olivier Roy

23. "É a hora de assumir nosso DNA cultural"
Régis Debray

29. O espectro da invasão de 2003
Hélène Thiollet

33. Uma ambição territorial
Michel Foucher

39. "O Estado Islâmico está muito bem adaptado à guerra moderna"
Hosham Dawod

45. A vassoura do aprendiz de feiticeiro
Michel Onfray

51. Os jovens franceses da jihad
Dounia Bouzar

55. *Not in my name!*
Laurent Greilsamer

57. "A islamização é um mito, e nós somos animais míticos"
Raphaël Liogier

61. Por que tanto ódio?
Dominique Schnapper

67. Carta aberta a Al-Baghdadi e aos partidários do Estado Islâmico

71. "Um tratado de paz entre sunitas e xiitas parece impossível"
Henry Laurens

77. O fim do bernard-henri-lévismo
Jean-Christophe Rufin

81. "Os massacres de 13 de novembro ilustram a jihad da terceira geração"
Gilles Kepel

87. Fundamentalistas, eu odeio vocês
Leïla Slimani

91. "O terrorismo visa os espíritos e as vontades"
Gérard Chaliand

97. O feudo do terror
Olivier Weber

105. "Devemos recear nosso angelismo em relação ao estado do mundo"
Michel Foucher

109. Um confronto apocalíptico
Jean-Pierre Filiu

113. Preto
Robert Solé

115. DOSSIÊ

115. Dez perguntas sobre o Daesh

121. Cifras-chave

122. Cronologia

125. Glossário

126. Para saber mais

Introdução

Éric Fottorino, diretor do jornal *Le 1*

Terminando do jeito que começou, em meio ao sangue e ao terror, o ano de 2015 ficará marcado pela irrupção na França de uma guerra que acreditávamos distante. Uma guerra declarada por um inimigo nebuloso, autoproclamado Estado Islâmico, conhecido pela sigla Daesh ou EI. Uma guerra sem rosto, a não ser os dos terroristas que vêm semear a morte em Paris antes de sucumbirem por sua vez em nome de Alá. Os títulos de nosso jornal semanal *Le 1* nesse período traduzem a perplexidade e o choque, mas também a vontade de viver apesar de tudo, que marcaram cada um de nós. Do "Eles não mataram Charlie" de janeiro ao "Resistir ao terror" de novembro, não paramos de interrogar essa realidade dolorosa e complexa do terrorismo jihadista que reivindica o islã para justificar os crimes mais covardes, mais atrozes. Este livro é o reflexo fiel de nossa abordagem pluridisciplinar: abrir nossas mentes cruzando os olhares de escritores e estudiosos, historiadores, filósofos, especialistas em geopolítica, islã e Oriente Médio.

Os textos selecionados não aparecem em sua ordem cronológica, mas conforme uma alternância de conteúdos que vai da análise à reportagem, passando pela crônica e pela entrevista. Ler essas contribuições é entender melhor o fenômeno EI, formado pela imbricação de dois movimentos. O primeiro, dissidente da Al-Qaeda, nasceu dos restos das guerras norte-americanas no Iraque e do sentimento de abandono das populações sunitas. Traz homens determinados por trás de seu líder Abu Bakr al-Baghdadi. Seu sonho: fazer renascer a qualquer custo o antigo califado do século VIII. O segundo movimento surge da atração exercida pelo EI sobre jovens do mundo inteiro – e da Europa em particular – que passaram ou não pela prisão, muitas vezes recém-convertidos ao que acreditam ser o islã. Eles encontram na causa do autoproclamado califa uma razão para viver que é sobretudo uma razão para morrer.

Este retrato do Daesh tecido em várias vozes mostra o quanto o "terrorismo 3G, ou da terceira geração", segundo a fórmula de Gilles Kepel, é uma mistura de crenças arcaicas que remontam à lenda do Profeta, e de tecnologias – as redes sociais – utilizadas como suportes de propaganda e alienação. "Estado" sem fronteiras, o EI não conhece limites. Através de todos estes textos, e de um dossiê essencial e pedagógico constituído por mapas, informações e cifras-chave, apostamos na inteligência coletiva para combater a angústia que acompanha o desconhecido. Sobretudo quando o desconhecido tem por horizonte a negação do humano.

Paris, 22 de novembro de 2015

Tentando compreender

Edgar Morin, filósofo e sociólogo

Antes de tudo, compreender as condições propriamente francesas que levaram jovens franceses ao fanatismo da jihad.

Há as condições de vida nas periferias onde estão concentradas populações de origem árabe-muçulmana. Essas condições são as de uma crescente guetificação.

Nas periferias, formam-se bandos de adolescentes que, como todos os adolescentes, adoram transgredir. Os bandos viram gangues quando as famílias estão desintegradas e os adultos desempregados. As gangues vivem do roubo e da droga, e uma parte dos adolescentes mergulha na delinquência. Isso ocorre também nas favelas brasileiras ou colombianas.

Mas na França há uma diferença em relação a esses países nos quais os delinquentes são de origem local. Na França, os delinquentes são frequentemente de origem imigrada.

Os controles policiais que se baseiam em fisionomias são brutais. Os "erros" recorrentes levam os jovens a combater a polícia a pedradas, a incendiar viaturas.

Um círculo vicioso alimenta a rejeição e a agressividade para com esses jovens, o que favorece o fechamento no gueto, nas solidariedades de origem. As hostilidades se alimentam reciprocamente, constituindo barreiras cada vez mais instransponíveis à integração.

Uma pequena parte dos adolescentes caiu na delinquência. Os outros encontram trabalho, proteção, amizade e amor que salvam. Mas todos sofrem e sentem a rejeição.

Os rejeitados rejeitam aqueles que os rejeitam. Uma parte desses jovens não se sente francesa, mas privada de pátria. Alguns deles, delinquentes, encontram nas prisões mentores que lhes inculcam o islã numa versão fanática. A prisão, escola do crime para uns, torna-se para outros escola da salvação. Para eles, esse é o caminho da redenção e da verdade. Você não pode ser um verdadeiro francês, mas pode se tornar um verdadeiro muçulmano. Eles encontraram o caminho do bem e da verdade. Ao mesmo tempo, é o caminho do combate pelo bem que pode ir até o martírio, considerado por sua vez o caminho do paraíso.

Para os jovens de ascendência magrebina, o peso da colonização sofrida por seus ascendentes não desapareceu. A conquista da independência foi capital para elevar os colonizados ao nível dos colonizadores. Porém, isso vale no Magrebe, e não na França onde o imigrado e seus descendentes não são em primeiro lugar argelinos, marroquinos ou tunisianos, mas árabes ou muçulmanos. Além disso, todos os árabe-muçulmanos sentem na pele o sistema de "dois pesos e duas medidas" que se aplica não apenas aos indivíduos que procuram trabalho ou moradia na França, mas também às nações árabe-muçulmanas do mundo. A tragédia israelo-palestina só faz mostrar que o mundo ocidental privilegia Israel, o Estado colonizador, em detrimento da Palestina colonizada. Essa tragédia, de resto, penetrou na França com os atentados contra sinagogas, as profanações de mesquitas, de túmulos judaicos e muçulmanos, os insultos antijudaicos e antiárabes. Mas o Estado de Israel é louvado por sua democracia em vez de ser censurado por seu colonialismo.

Uma maioria de árabe-muçulmanos sofre com todas as humilhações padecidas pelo mundo árabe. Vê nas guerras norte-americanas no Afeganistão e no Iraque intervenções imperialistas contra nações islâmicas. Os fanatizados, por sua vez, ruminam seu ódio pelos ocidentais, cristãos e judeus.

Os atentados de 11 de setembro de 2001 mostram aos fanáticos que é possível lutar contra o "Grande Satã" que anima os eternos cruzados, ao passo que os Estados Unidos e o Ocidente, autoproclamando-se o "eixo do bem", declaram guerra contra o "eixo do mal". O Ocidente denuncia com horror o terrorismo cego que mata civis, mulheres e crianças, sem se preocupar com o fato de que no mundo árabe-muçulmano também se denunciam com horror os bombardeios cegos que matam civis, mulheres e crianças, os "ataques cirúrgicos" com drones e outros recursos.

A ideia da jihad, do martírio, apodera-se de espíritos juvenis; por vezes, depois de várias errâncias e fracassos. Khaled Kelkal (1995) e Mohammed Merah (2012) oscilaram, como muitos jovens *beurs* (de ascendência magrebina) nascidos na França, entre integração, delinquência e jihadismo. É sobretudo depois das guerras civis que se seguiram à primavera árabe, originalmente pacífica, no Iraque, na Síria e no Iêmen que ganham terreno nesses países os jihadistas, os quais, na Síria e no Iraque, lutam para instituir um califado regido pela charia mais rígida.

Assim como a guerra da Espanha atraiu revolucionários e democratas de vários países para lutar ao lado dos republicanos, a Al-Qaeda e o EI no Oriente Médio atraem jovens fanatizados dos próprios países ocidentais, inclusive a França. A intervenção militar francesa leva o Daesh e a

Al-Qaeda a transplantar sua guerra para a França, e os jovens franceses muçulmanos treinados no seio dessas organizações voltam para seu país natal dispostos a implantar a jihad e consumar seu martírio.

Foi assim que a guerra do Oriente Médio entrou na França no dia 7 de janeiro de 2015.

Ora, a intervenção dos Estados Unidos e de seus seguidores, entre os quais a França, é tão impotente, cega e ilusória quanto o foram as intervenções norte-americanas precedentes.

A impotência. Os líderes da coalizão anti-Daesh declararam previamente que não interviriam enviando tropas terrestres, mas apenas por meio de ataques aéreos. As tropas dos países árabes anti-Daesh são fracas e divididas. A coalizão inclui a Arábia Saudita, cujo regime se aproxima daquele que o EI sonha instaurar. Essa guerra comporta aspectos que pareceriam grotescos se não fossem trágicos: o Ocidente combate o regime de Assad, mas é seu aliado contra o EI e se beneficia de seus serviços de informação. O Ocidente é hostil ao Irã, mas na prática é seu aliado já que o Irã apoia militarmente o poder xiita iraquiano. A Turquia é mais hostil aos curdos da Síria, irmãos dos curdos da Turquia, do que ao Daesh.

A cegueira. O intervencionismo ocidental intensifica a decomposição das nações do Oriente Médio, decomposição que, em grande parte, foi ele próprio que provocou. A segunda guerra do Iraque levou a uma desintegração irremediável dessa nação. A guerra ao mesmo tempo civil e internacional na Síria decompõe esse país de maneira não menos irreversível. A Líbia se encontra em estado caótico após a intervenção francesa. A frágil unidade dessas nações multiculturais e multirreligiosas recentes, criadas artificialmente pelo Ocidente sobre as ruínas do Império Otomano, encontra-se destruída. Ditadores imundos foram aniquilados, mas teriam morrido mais cedo ou mais tarde, ao passo que, assim, nações inteiras foram mortalmente atingidas. Os horrores das guerras civis travadas em âmbito internacional se sucedem ao horror das ditaduras impiedosas.

A ilusão. O objetivo dos ocidentais no Oriente Médio é a restauração dos Estados-nações já decompostos. Porém, só existe uma única e verdadeira meta a opor ao califado do EI: a confederação do Oriente Médio, à imagem amplificada do Líbano, que respeitaria a autonomia e a liberdade das diversas etnias e religiões ali implantadas, entre as quais o cristianismo.

Chega um momento em que o conflito apodrece. O conflito no Oriente Médio apodrece em sua mistura de guerras civis, de guerras religiosas e de guerra internacionalizada pela intervenção de várias potências.

A não ser que haja uma completa mudança de direção, tudo se agravará, inclusive na França.

A resposta não está em polêmicas lapidares. Está na introdução no coração da cultura francesa, e em primeiro lugar na escola, de uma cultura histórica. Não basta recordar a tolerância religiosa para com cristãos e judeus nos antigos califados e no Império Otomano. Não basta indicar o papel fecundo da cultura árabe para a cultura europeia. É preciso recordar o que o catolicismo foi durante séculos. Mostrar que a França se formou historicamente como nação multicultural integrando/provincializando povos muito diferentes entre si (alsacianos, bretões, bascos...). É preciso recordar também que o "terrorismo" não é uma invenção islâmica na Europa. As Brigadas Vermelhas e as Brigadas

Negras na Itália, o Grupo Baader-Meinhof na Alemanha cometeram atentados delirantes e monstruosos. Por mais diversos, quando não inimigos entre si, os "terroristas" se assemelham pelo mundo isolado, insano, alucinado em que vivem, mundo de que também podem sair como fizeram antigos membros de Brigadas Vermelhas que redescobriram o mundo exterior a que estavam fechados.

Impõe-se a nós uma grande e pesada, mas necessária, tarefa de regeneração do pensamento, que compreende necessariamente uma regeneração do pensamento político. Mesmo sem esperança, é vital empreendê-la, e empreendê-la faria renascer a esperança – uma esperança frágil, por certo, mas uma esperança.

21 de janeiro de 2015

O califado selvagem

Tahar Ben Jelloun, romancista, poeta e ensaísta

O Estado Islâmico jihadista do sinistro califa autoproclamado Abu Bakr al-Baghdadi vem de longe. Para simplificar, vamos datar sua origem no dia 29 de agosto de 1966, dia em que o presidente egípcio Nasser mandou enforcar Sayyid Qutb, líder da Irmandade Muçulmana. Um mártir. Naquela época, o islã ainda não era usado como arma de guerra. Opunham-se seus valores aos do progressismo marxizante e, sobretudo, totalitário. A Síria e o Iraque seguiam a ideologia baathista, vagamente socialista e, sobretudo, totalmente laica. Mas nenhum Estado árabe era democrático. O poder era herdado de pai para filho ou tomado pela violência dos golpes de Estado.

A segunda data importante é o nascimento da República islâmica do Irã com a chegada ao poder do aiatolá Khomeini, que proclamava em 1978: "O islã é político ou não é nada". Naquele mesmo momento, afegãos expulsavam os ocupantes soviéticos em nome do islã. Conhecemos a continuação. Intervenção norte-americana e emergência dos talibãs, precursores na barbárie. O ápice disso foi a destruição da arte greco-budista em 1998 e a explosão da estátua do grande Buda no vale de Bamiyan em março de 2001.

A partir do fim dos anos 1970, as noções de jihad e de república islâmica penetram nas lutas e chegam a contaminar a revolução palestina que não usava a religião, e ainda menos o islã, como ideologia de combate. Para isolar Yasser Arafat, Ariel Sharon encoraja discretamente a criação do Hamas. Xiitas e sunitas se opõem no Líbano onde o Hezbollah é muito ativo, armado e financiado pelo Irã através de seu aliado sírio presente em solo libanês. Hoje em dia, esse movimento apoia militarmente Bashar al-Assad contra os rebeldes laicos e democratas. Ao mesmo tempo, um acordo teria sido feito entre Al-Assad e os líderes jihadistas, que ele poupa em seus bombardeios.

Assim, é a ausência de uma verdadeira democracia no mundo árabe e muçulmano, é o autoritarismo de chefes ilegítimos, é a acumulação de injustiças sociais intensificadas pela corrupção e pela arbitrariedade que vão se conjugar para engendrar aberrações como o "Estado" Islâmico. Mas sem a invasão do Iraque pelo exército norte-americano em março de 2003, o país não teria se tornado esse campo de ruínas, plataforma do terrorismo internacional.

A violência de Al-Baghdadi e seus sectários está presente no islã? Embora pregue a paz, a tolerância e cultive valores humanistas, o islã fala também de jihad, de luta contra os infiéis, de apostasia. Porém, o islã nunca pregou o suicídio com o objetivo de provocar massacres, nunca disse que se deviam fazer reféns e decapitá-los. Nunca difundiu a ignorância a fim de extraviar cabeças fracas ou malfazejas. Quantos crimes cometidos em nome do islã!

Na cabeça de Al-Baghdadi e seus pares, a luta contra o Ocidente é inevitável. Resta saber quem financia, quem arma esse Estado sanguinário... É preciso recordar que Estados do Golfo apoiaram de maneira oficiosa certos movimentos. E que só tardiamente a Arábia Saudita condenou oficialmente esse "califado" selvagem.

24 de setembro de 2014

Um islã sem raízes nem cultura

Olivier Roy, cientista político

Trata-se inicialmente de uma deriva. Deriva de jovens frequentemente oriundos, mas nem sempre, das zonas cinzentas e frágeis da sociedade – segunda geração de imigrados, em precariedade social, com passagem pela pequena delinquência. Mas a deriva também pode ser mais pessoal, mais psicológica e menos ligada ao ambiente social, como é o caso dos convertidos (que representam 22% dos jovens franceses integrados à jihad na Síria). Não é uma parte da população francesa muçulmana que se volta para a jihad e para o terrorismo, é uma coleção de indivíduos, de solitários, que se ressocializam no quadro de um pequeno bando ou de um pequeno grupo que se vê como a vanguarda de uma comunidade muçulmana, a qual não tem para eles nenhuma realidade social concreta, mas provém do imaginário: nenhum deles estava inserido numa sociabilidade de massa, fosse ela religiosa, política ou associativa. São sujeitos "educados", mas invisíveis: "com eles, era na base do bom dia/boa noite" é um *leitmotiv* dos vizinhos atônitos. Falam indiscriminadamente do Afeganistão, do Iraque, da Chechênia, dos muçulmanos massacrados mundo afora, mas nenhum deles evoca o racismo, a exclusão social ou o desemprego, e só citam a Palestina em meio à ladainha dos conflitos. Em suma, é preciso tomar cuidado com uma explicação, popular entre a esquerda, segundo a qual a exclusão social e o conflito israelo-palestino seriam a grande causa da radicalização dos jovens.

Terroristas ou jihadistas, eles constroem para si mesmos um estatuto de guerreiros que vingam o Profeta, a umma (a comunidade dos muçulmanos), a mulher muçulmana; colocam-se em cena (vídeos, câmeras GoPro), não preparam nem sua fuga nem "amanhãs que cantam", e morrem ao vivo, nos jornais televisivos, num breve espasmo de onipotência. Seus nomes estão em todas as bocas: heróis ou bárbaros, pouco importa, o efeito de terror e fama foi atingido. Nesse sentido, são de fato o produto de uma cultura niilista e individualista da violência que encontramos em outros setores da juventude (como nos jovens que atacam suas próprias escolas, a "síndrome de Columbine").

Há muitos rebeldes em busca de uma causa, mas a causa que escolhem evidentemente não é neutra. Um assassinato em nome do islã tem muito mais impacto do que um massacre numa escola cometido por um aluno, ou do que uma sessão de tortura ordenada por um pequeno traficante de drogas.

Merah, os irmãos Kouachi ou o "jihadista normando", Maxime Hauchard, radicalizaram-se seguindo uma referência religiosa, a do islã. E não foram os únicos dessa corrente. É essa radicalização que é designada pelo termo "comunitarização". Faz-se da comunitarização uma deriva coletiva e não mais individual, e que seria no fundo a plataforma que conduziria a "isso". Em suma, uma parte da população muçulmana realizaria uma secessão e se isolaria numa identidade cultural e religiosa que fundaria a quinta-coluna de uma civilização muçulmana em crise.

O "retorno do religioso" romperia assim o consenso nacional sobre os valores da República. A resposta espontânea da opinião pública e o discurso explícito dos dirigentes políticos consistiram em enfatizar um consenso nacional (tolerância, laicidade, cidadania) de que a manifestação de 11 de janeiro foi uma notável *mise en scène* espontânea e popular.

Poderíamos questionar esse consenso nacional, do qual se exclui a Frente Nacional. Poderíamos também nos perguntar se a "laicidade" não fabrica por sua vez um sagrado que escaparia da liberdade de expressão.

Mas voltemos ao "retorno do religioso" e ao comunitarismo. Tudo indica que esse religioso não foi importado de uma cultura estrangeira, mas reconstruído a partir de uma desculturação profunda das novas gerações. O salafismo, sua expressão mais pura, rejeita todas as culturas, a começar pela cultura muçulmana e sua própria história. A Arábia Saudita acaba de destruir tudo o que restava dos sítios históricos e arqueológicos de Meca para construir centros comerciais à americana consagrados ao consumismo contemporâneo. Meca, hoje, é Las Vegas mais a charia.

Desculturação e ausência de transmissão levam toda uma geração a construir para si um islã reduzido a normas explícitas (charia) e a slogans isolados de qualquer contexto social (jihad); a "comunidade" não tem nenhuma base sociológica real (instituições representativas, redes escolares ou associativas): ela é a encenação de si própria e, nesse sentido, entra na sociedade do espetáculo. O fanatismo é a religião que não tem – ainda não ou já não mais – cultura. Historicamente, tanto o islã quanto o cristianismo se "enculturaram"; hoje, religião e cultura se separam.

A questão, portanto, não é "reformar" o islã, mas "culturar" o islã inserindo-o na sociedade francesa. Ao privilegiar uma concepção da laicidade que exclui o religioso do espaço público, contribuímos para "fanatizar" o religioso.

21 de janeiro de 2015

"É a hora de assumir nosso DNA cultural"

Régis Debray, filósofo e escritor
Entrevista realizada por Éric Fottorino

O que fazer contra essa violência?

Não sendo político, nem sociólogo, nem "tudólogo", darei uma resposta simplista e subjetiva: transformar o trauma em vitamina. Vivemos um choque, pode-se dizer um choque de civilizações, não com o islã, mas com o salafismo jihadista, um ramo minoritário que recusa o islã clássico com o apoio do wahabismo saudita. Devemos fazer disso um desafio, no sentido proposto pelo historiador inglês Toynbee: *challenge and response*. O choque desperta. O "choque de civilizações" não tem por que nos apavorar: é muito salutar, por vezes salvador. Todas as civilizações saem do torpor resistindo a choques exteriores. Como a Grécia antiga diante da Pérsia, os Habsburgos diante dos otomanos, os russos diante dos mongóis. É o que podemos fazer diante dos jihadistas: redobrar a risada. E não nos constranger. Revivificar nossa insolente liberdade de expressão, por vezes cruel, que inclui Rabelais, Voltaire e Courteline. É hora de levantar a cabeça de novo e assumir nosso DNA cultural. Não digo cólera, não digo compaixão, digo orgulho coletivo. Não somos como os outros, e isso é ótimo. Permaneçamos o que somos e honremos nossa herança.

Mas é preciso evitar uma reação libertária inconsequente. A liberdade de expressão nunca foi incondicional nem absoluta. Ela é regida pela lei. A lei de 1881 diz: todo cidadão pode escrever, imprimir, desenhar – sou eu que acrescento –, mas deve responder pelo abuso dessa liberdade nos âmbitos determinados pela lei. Pode ocorrer, e ocorre, ultraje, injúria, difamação: para tudo isso há recursos jurídicos. O que se deve defender hoje é menos a liberdade abstrata do que o Estado de direito. O pior seria imitar o Sr. Bush.

O que você entende por isso?

Assimilar o que aconteceu no dia 7 de janeiro ao 11 de setembro de 2001 demonstra a alienação das assim chamadas "nossas elites". Além do exagero factual, trata-se de um contraexemplo por excelência! Foi o que legalizou a tortura, que acarretou certo número de intervenções militares insensatas que exacerbaram o jihadismo dando-lhe uma base popular, uma legitimidade anticolonial. Fico pasmo quando vejo que querem que a gente reaja à americana. Vamos inventar um Guantánamo? Uma Abu Ghraib? Transformar Seine-Saint-Denis num gueto? É um combate de civilizações, sim, mas não vamos ganhá-lo traindo nossa civilização. Não podemos ceder às reações histéricas, emocionais e ocidentalistas.

Pelo que estamos pagando?

Na França, por muita coisa: o desmoronamento do Partido Comunista, a desagregação do mundo católico, o fim do serviço militar, o opróbio lançado sobre a nação e sua história, todos esses pilares da comunidade imaginária que um país é. O pertencimento tem horror ao vazio. Pagamos ao mesmo tempo por fraquezas e covardias. Covardias, porque, a partir de certo momento, não ousamos mais permanecer republicanos, falar de igualdade e fraternidade e não só de liberdade. Estava fora de moda, era antiquado. Era preciso ser democrata, multicultural, californiano, simpático. Pagamos pelo medo de ser diferentes dos outros. De assumir certa herança ao mesmo tempo jurídica, literária, política. Uma república não funciona na base do par igreja-*drugstore*, e sim na base do par prefeitura-escola. Tivemos vergonha disso. Em Seine-Saint-Denis é com tristeza que a gente vê centros socioculturais André Breton, Salvador Allende e outros caindo aos pedaços, a basílica Saint-Denis entregue aos turistas japoneses e, ali do lado, uma mesquita lotada. Cadê a esperança?

O que deixamos de dizer ou de fazer?

A crise da escola como instituição é uma questão que sempre volta à tona e nunca se resolve, mas assistimos à transformação de um lugar de instrução num lugar de mera animação. Em dado momento, o político capitulou. Quando o interesse geral vai embora, chega o *trader* seguido pelo guru. Quando o Estado desmorona, restam dois ganhadores: as seitas e as máfias. Os banqueiros de negócios de um lado e os alucinados do outro. Quando a ideia de serviço é ridicularizada, só resta servir a si mesmo. O cinismo engendra ao mesmo tempo o fanatismo e a trapaça. Vão me dizer que *Charlie Hebdo* participou um pouco às vezes da derrisão geral. Só que nossos amigos se apoiavam numa cultura, *cum grano salis*...[1] O segundo nível de sentido é para os bons entendedores.

Trata-se de uma falência da República e de seus valores?

Não há sociedade sem sacralidade. A laicidade era o sagrado republicano. O sagrado é ao mesmo tempo não-negociável e unificador. Aquilo que não se barganha e que transforma um simples monte em horizonte. Quando não se assume mais o sagrado republicano, quando se tem vergonha de cantar *A Marselhesa*, quando só se fala como um contabilista da União Europeia, a esperança vai se aninhar em outro lugar. Acho que a bofetada que acabamos de receber pode nos devolver a nós mesmos. Na herança gaulesa há ao mesmo tempo a libertinagem à la Wolinski e a luta pela liberdade à la Bernard Maris.

O que aconteceu vai levar os cartunistas a se autocensurarem?

Isso seria a derrota absoluta. Não devemos confundir censura com mesura, medida. Mas é preciso tomar cuidado. O que caracteriza nosso planeta hoje é o confronto entre o século XXI e o século XV. No século XV, nossos bons cristãos cortavam cabeças, muito mais do que o EI, queimavam-se os hereges, a tortura se chamava a "pergunta" – a Inquisição – os cátaros eram massacrados, os protestantes também. Em 1824, na França, 30 anos depois da Revolução, uma lei foi votada instituindo a pena de morte para o sacrilégio, por exemplo o roubo de um cibório. A relação de um muçulmano com

[1] Locução latina que, literalmente, significa "com um grão de sal". Emprega-se para dar a entender que o que se diz não deve ser tomado ao pé da letra. No caso, pela alta dose de bom humor e malícia que contém. (N.T.)

Deus não tem nada a ver com a nossa, interior e privada. É o totem da tribo, o papai. Conhecíamos isso no Antigo Regime. Essa explicação não é uma desculpa: o século XXI tem o dever de se defender contra o XV, mas deve saber que o XV ainda existe. O que estou dizendo é antropológico. A transparência, a simultaneidade, a imediatez ocultam de nós distâncias culturais assustadoras. E curtos-circuitos cronológicos: a era Daesh e a era Cabu (um dos cartunistas do *Charlie Hebdo*) têm o mesmo relógio, mas não a mesma época. A modernização técnica suscita arcaísmos mentais.

Esse drama incide sobre a questão da participação francesa nas intervenções contra o Estado Islâmico no Iraque?

Se a França quer participar de operações de guerra no exterior, deve-se primeiro pedir à representação nacional que se pronuncie. A noção de "Operações Exteriores" não tem mais sentido, o exterior está no interior quando a parabólica está nas varandas das casas e a web no bolso de cada um. Um país em guerra é um país que se expõe a sofrer. Podemos estimar que há sofrimentos legítimos e inevitáveis, mas então é preciso que isso seja dito. Se é para fazer nossa uma guerra norte-americana no Oriente Próximo, que não seja às escondidas. Não discuto aqui a pertinência dessas intervenções que sempre condenei pessoalmente, desde o primeiro dia. Mas, numa guerra assimétrica por definição, é certo que receberemos pancadas. Na minha opinião, isso exige uma deliberação diante do povo via parlamento. Se, após deliberação, este concluir que é doloroso, mas que seria ainda mais danoso não fazê-la, eu compreenderei. A matança na *Charlie Hebdo* deve nos fazer assumir uma geopolítica claramente exposta, com seus prós e seus contras.

A França é um país em guerra que não sabia disso?

A palavra "guerra" me parece demagógica e imprópria. Digamos combate, confronto. Caso de polícia e de informação. Não imagino divisões blindadas penetrando o território. Quinhentos malucos podem fazer mal e causar dor, mas não é o III Reich. Não vamos delirar. E recordemos que a única guerra justa é a defensiva: as imperialistas terminam mal.

No fundo, a questão é: como afirmar a si mesmo sem negar o outro, como se assumir sem se fechar? Agir local e pensar global? Isso se chama patriotismo republicano. Mas não me tomem por um intelectual público que sai por aí dando lições de moral. Não sou mais do que um escritor secundário, um cândido em sua janela, a quem falta, perdoem-me, presença de espírito.

14 de janeiro de 2015

O espectro da invasão de 2003

Hélène Thiollet, cientista política

Ao anunciar a criação de seu pretenso "califado" em junho de 2014, Abu Bakr al-Baghdadi, principal dirigente do Estado Islâmico no Iraque e no Levante (EIIL), emancipou-se definitivamente da tutela da Al-Qaeda. A partir de então, a cisão entre as duas organizações foi oficializada. Porém, já em 2013, o emir da Al-Qaeda tinha intimado sem sucesso o chefe do EIIL a se retirar da Síria e deixar a liderança da luta contra o regime sírio com a Frente pela Vitória (Jabhat al-Nusra).

Contrariamente à Al-Qaeda, que se pensa como uma rede, o Estado Islâmico privilegiou uma estratégia de ancoragem territorial, atacando inimigos próximos, estabelecendo alianças locais sobre uma base tribal, praticando a limpeza étnica (yazidis do Iraque e curdos) e a perseguição de minorias religiosas nas regiões que controla (cristãos, xiitas). Até em matéria de financiamento, enquanto a Al-Qaeda depende de doadores do Golfo, o EIIL parece garantir seu funcionamento graças à venda de petróleo no mercado negro, a tráficos de diversos tipos, à extorsão e aos impostos cobrados diretamente das populações.

Mas, por enquanto, o EIIL de Estado só tem o nome: sua soberania sobre os territórios cujo controle reivindica é eminentemente frágil, e mesmo fantasiosa. Na verdade, essas terras conquistadas são compostas de linhas de *front* móveis (e de linhas de fuga quando o inimigo é poderoso demais), assim como de alguns bastiões urbanos em que o movimento tenta instalar um poder fundamentalista e totalitário.

Na Síria, o grupo armado penetrou na guerra civil pela porta da oposição islamista, ao lado da Frente pela Vitória que ele tentou engolir, sem sucesso, em 2013. Desprovido de base popular, o movimento pouco participou das operações militares contra o exército sírio e as milícias pró-governamentais xiitas ou baathistas. Concentrou-se essencialmente nas lutas internas da rebelião síria, especialmente entre grupos islamistas sunitas, e na ocupação de zonas liberadas pelo Exército Livre sírio ou pelos grupos islamistas, depois declaradas "tomadas" pelo EIIL, às vezes sem precisar dar um tiro...

Foi sobretudo no noroeste do Iraque que o Estado Islâmico desempenhou um papel de protetor para as populações sunitas maltratadas pelo governo iraquiano, com o aval dos Estados Unidos, sob o pretexto de "guerra contra o terrorismo". Já a Al-Qaeda no Iraque, criada por Abu Musab al-Zarqawi no momento da intervenção norte-americana, tinha progressivamente encarnado a resistência das populações sunitas a um sistema político dominado pelos xiitas, imposto pelos Estados Unidos e apoiado pelo Irã. Deixando de lado a jihad contra o imperialismo norte-americano, o EIIL tenta em troca se impor como o representante legítimo dos grandes perdedores de 2003.

Hoje é difícil avaliar o fenômeno de adesão a um movimento cujos efetivos são incertos (entre 10.000 e 50.000

"combatentes" de acordo com as estimativas da CIA). Entre alianças com as autoridades sunitas locais e a imposição de sua dominação pela violência e pelo terror, a adesão das populações ao Estado Islâmico nas regiões que ele afirma controlar está intimamente ligada à falência do governo iraquiano nesses mesmos territórios. O Estado-providência, que funcionava em benefício dos sunitas e em detrimento dos xiitas e dos curdos sob a ditadura de Saddam Hussein, volta-se contra eles: os sunitas se veem excluídos do poder político, das redes de influência e de corrupção, da redistribuição da renda petroleira.

Longe de ser o resultado de ódios ancestrais entre comunidades, grupos religiosos ou tribos, as dinâmicas de recomposição social e política ao redor do Estado Islâmico são, portanto, recentes e alimentadas pelas predações econômicas e pela privação de representação política.

A privatização do poder e dos recursos em benefício de um grupo, majoritário ou minoritário, mina a legitimidade do Estado aos olhos dos excluídos, criando desespero e frustração. Os sistemas políticos baseados na repartição do poder entre grupos religiosos são vistos como a solução ideal a fim de conjurar o espectro da guerra civil, do genocídio e da divisão territorial. Contudo, o sucesso temporário do EIIL deixa bem claro que não se trata de uma "receita milagrosa".

24 de setembro de 2014

Uma ambição territorial

Michel Foucher, geógrafo

Entrevista realizada por Éric Fottorino e Laurent Greilsamer

De onde vem o Daesh, esse Estado Islâmico contra o qual cerca de quarenta países querem fazer guerra? É possível situar esse califado autoproclamado na longa duração histórica?

Esse movimento não foi previsto e temos de admitir que não compreendemos tudo! Ele tem uma história recente. O Daesh se aproveitou do caos e da frustração da parte sunita do Iraque e se lançou num projeto de neocalifado, proclamado oficialmente em 26 de junho de 2014. Na véspera do ramadã, uma coletiva de imprensa solenizou o acontecimento e, nessa ocasião, seu chefe, Ibrahim Abu Bakr al-Baghdadi, descreveu o território conquistado, controlado de maneira direta ou por intermédio de aliados, como se estendendo de Raqqa, no centro-norte da Síria, até Diyala, na fronteira com o Irã. A progressão territorial do Daesh foi fulminante, a ponto de atingir cidades essenciais como Mossul, a antiga Nínive, no norte do Iraque, e Faluja, às portas de Bagdá.

A referência ao califado é importante. Autoproclamando-se califa, Al-Baghdadi garante ser descendente da tribo de Maomé. Para além da referência histórica e religiosa, ele faz apelo a uma representação muito forte, um mapa mental que evoca o califado abássida de Raqqa que reinou por alguns anos sobre aquelas terras no século VIII. Uma página gloriosa do islã, quando Raqqa sobrepujava Bizâncio. A bandeira negra dos jihadistas do Daesh evoca o estandarte negro da conquista islâmica. O recurso espetacular à decapitação, posto em cena via internet, remete à herança dos califas que exigiam que lhes trouxessem as cabeças de seus inimigos em bandejas. Porém é uma versão combatente, conquistadora dos primeiros califados que é privilegiada.

Essas referências desempenham um papel importante para as populações locais?

Não. Mas sim para os recém-convertidos. O Daesh comanda um exército estimado entre 15.000 e 35.000 homens. É provável que mais da metade seja composta por combatentes estrangeiros. É o fenômeno das brigadas internacionais. Esses combatentes, alguns deles não árabes, são muito mal aceitos pela população local. As cifras devem ser consideradas com precaução. Contam-se cerca de 3.000 europeus, de 1.000 a 2.500 sauditas, o mesmo número de tunisianos, uma centena de norte-americanos... Muitos morrem e são em parte substituídos. Estima-se que 700 novos combatentes estrangeiros chegam a cada mês. O acesso aos teatros de operações sírio e iraquiano passa pelo aeroporto de Istambul, plataforma de correspondência dessa neojihad. O Daesh é um ímã que exerce uma atração muito forte sobre jovens que acorrem de um mundo árabe em ebulição e também da Europa, da França. Esta é uma das razões do engajamento de tantos países ocidentais e árabes: destruir um projeto atrativo.

Quanto às populações sob controle, a coisa é diferente. Elas apresentam uma grande variedade de situações. No norte do Iraque se agrupou uma coalizão de sunitas militantes. Isso não faz deles automaticamente um bando de terroristas! A frustração deles, privados de poder desde a queda de Saddam Hussein, é real. Penso sobretudo nos sunitas das quatro províncias do Norte que perderam tudo. Penso também naqueles que se beneficiaram da arabização maciça das terras curdas do norte do Iraque, ao redor de Mossul, na zona de contato, e que se voltam para o Daesh como para um protetor.

A velocidade assustadora da formação do Daesh resulta da soma de todos esses fatores: o vazio do poder (voluntário no norte da Síria, devido ao sectarismo do ex-primeiro ministro xiita Al-Maliki no Iraque), as configurações sociopolíticas locais... O vazio foi preenchido pelo Daesh e seus aliados circunstanciais. Al-Baghdadi por certo tem talento político e um grande senso de comunicação. Aproveita as condições sociais e políticas favoráveis. O que indica o caminho que o regime de Bagdá deve seguir: responder finalmente às reivindicações políticas e de segurança dos sunitas.

Pode-se falar de um Estado com uma superfície, uma população, uma administração?

Isso é um mito e uma aporia. Estamos diante de um califado conquistador obnubilado pela conquista. Ele não produz nem administra: ele pilha e explora. Isso é evidente no Iraque; talvez não seja bem assim na Síria. Há uma forte contradição entre seu projeto global e sua instauração na prática, condicionada pelas razões locais de seus patrocinadores atuais. Na realidade, o Daesh é composto de uma série de cidades isoladas, em sua maioria localizadas no vale do Eufrates. O Daesh controla cidades, não um país. É um ator não estatal que dispõe dos meios de um Estado: um exército, uma polícia, rendas que giram em torno de dois bilhões de dólares, com entradas de cerca de um milhão de dólares por dia graças à venda do petróleo sírio. Eles têm recursos porque controlam o vale do Eufrates, o acesso ao petróleo, o imposto. É um sucesso que se deve a um vazio de poder. O Daesh ataca usando meios convencionais e se defende recorrendo a técnicas de guerrilha. Sua meta era tomar Bagdá. Se Bagdá instaurar uma política inteligente em relação às tribos e às autoridades sunitas – garantindo-lhes uma verdadeira representação política e uma autonomia de gestão em suas quatro províncias, nos moldes do Curdistão –, o Daesh será vencido.

Quais são os objetivos de guerra de Washington, de Paris e dos quarenta países que se aliaram aos Estados Unidos e à França?

Os Estados Unidos começaram a se preocupar precisamente quando Faluja, perto de Bagdá, caiu. Bagdá é um *casus belli*, um motivo suficiente para se entrar em guerra. Os ataques americanos começaram em 8 de agosto de 2014. O alvo hoje é o Iraque.

Os principais objetivos de guerra são claros: impedir que Bagdá caia nas mãos do Daesh; permitir ao exército iraquiano, xiita, e aos curdos que reconquistem os territórios perdidos; conceder às quatro províncias do Norte sua autonomia; e, finalmente, eliminar o foco de recrutamento de combatentes estrangeiros. Trata-se de recuperar terreno.

Esses países agrupados ao redor dos Estados Unidos não estão superestimando a ameaça?

O Daesh constitui a segunda onda jihadista depois da Al-Qaeda com um projeto territorial transfronteiriço. Sim, trata-se de um verdadeiro adversário. O Daesh dispõe de um projeto político. O perigo justifica uma intervenção militar, mas o risco é acabar construindo uma ameaça que nos cegue. Ela é real, mas não devemos exagerá-la nem instrumentalizá-la. Neste momento, na perspectiva da ação militar no Iraque, o Daesh começa a se reinstalar no norte da Síria, entre Alepo e Raqqa, com a cumplicidade do regime de Al-Assad que tentará em seguida negociar com os ocidentais sua eventual ajuda para a destruição desse neocalifado.

24 de setembro de 2014

"O Estado Islâmico está muito bem adaptado à guerra moderna"

Hosham Dawod, antropólogo
Entrevista realizada por Sylvain Cypel

Que análise você faz do Estado Islâmico, dito Daesh?

Com seus aliados, ele dispõe no conjunto do território que controla, entre a Síria e o Iraque, de uma força armada de cerca de 30.000 homens. Mas só precisou de 1.000 combatentes para tomar Mossul, a segunda ou terceira maior cidade do Iraque. Desde 10 de junho de 2014, data do início de sua ofensiva no país, de 2.000 a 3.000 jovens teriam se juntado a suas fileiras só na região de Nínive, ao redor de Mossul. Para mobilizá-los, o Daesh se beneficiou da maneira como os norte-americanos dividiram os iraquianos de acordo com suas origens, buscando separar as comunidades e politizar as identidades, e depois marginalizar os sunitas, minoritários no Iraque. Em seguida, o primeiro-ministro Nouri al-Maliki, xiita, instaurou uma política cada vez mais belicosa para com os sunitas.

Tudo isso favoreceu a emergência do Daesh, um movimento fundamentalista para o qual o sunismo rigorista constitui o único verdadeiro islã. O EI hierarquiza seus adversários assim: primeiro os xiitas, que são os piores, "renegados", "parasitas" do islã. Depois os "infiéis", como os yazidis, adeptos de um culto monoteísta de origem persa, e finalmente as "pessoas do Livro", isto é, naquela região, os cristãos, que foram vítima de perseguições e maus-tratos, mas não de massacres.

Mas por que os sunitas passaram para o lado do EI?

Eu distinguiria três fases depois da intervenção norte-americana de 2003. Uma primeira, até 2005, em que os sunitas, acuados, permanecem na expectativa. Depois, de 2005 a 2007, eles se dividem. Parte deles lança uma insurreição armada que provoca a mudança de estratégia dos norte-americanos: a partir de então, estes tentam reinserir os sunitas no jogo político. Porém, com a partida dos norte-americanos no fim de 2011, o primeiro-ministro Al-Maliki instaura uma política de marginalização cada vez mais intensa dos sunitas, que passam então a ver o exército iraquiano como um exército de ocupação. O Daesh floresceu nesse chão fértil. Finalmente, a guerra na Síria redinamizou os conflitos religiosos no Iraque, criando um *continuum* entre esses dois Estados onde os sunitas se encontravam oprimidos.

Como explicar a debandada do exército iraquiano diante de alguns poucos milhares de homens?

O exército iraquiano se viu num ambiente hostil, subequipado, maltreinado, sem capacidade de iniciativa. Além disso, muitos de seus soldados são fictícios, na verdade não existem. E, sobretudo, é um exército profundamente corrompido. Grande parte dos seus chefes não tem nenhuma qualificação militar. Antes da queda de Mossul, era possível comprar uma patente de general por um valor de 250.000

a 300.000 dólares. Em dois ou três meses podia-se recuperar essa soma graças a desvios de verbas. Já o Daesh surgiu como uma tropa determinada, apoiada em certos lugares, como Mossul, por uma densa rede local. E sua direção se beneficiou da adesão dos quadros bem treinados da antiga guarda republicana de Saddam Hussein.

Quem apoiou previamente o Daesh, militar e financeiramente?

O Daesh obteve a maior parte de seu armamento nos campos de batalha sírios e no Iraque, onde uma grande quantidade de armas foi abandonada. E se mostrou muito bem adaptado à guerra moderna. Seus combatentes sabem usar os meios de comunicação, as redes sociais. Os oficiais do exército regular iraquiano, em Mossul, receberam antes do ataque mensagens em seus celulares dizendo: "Fujam, pois vão perder a cidade e suas vidas!". O EI também se beneficiou de cumplicidades dentro do exército. Quanto aos financiamentos, não há como demonstrar uma ajuda direta das monarquias do Golfo. Mas é certo que a Arábia Saudita, o Catar, o Kuwait e outros jogaram com a ideia de armar os adversários jihadistas de Bashar al-Assad para se contrapor ao "arco xiita" Irã/Iraque/Síria. Ricos habitantes do Golfo financiaram os jihadistas na Síria, e seus Estados deixaram isso acontecer. Esses financiamentos diminuíram muito. Os Estados do Golfo tomaram consciência de que o Daesh constitui uma ameaça para eles também.

Como ele se financia agora?

Em seu período de construção, o Daesh recolhia o "imposto da jihad", que era muitas vezes uma verdadeira extorsão. Mas desde 2013 seu principal recurso é o petróleo, metade dele extraído na Síria. Eles produzem de 80.000 a 100.000 barris por dia, dos quais 40.000 são vendidos por quantias que variam entre 20 e 50 dólares na Síria (muitas vezes entre os partidários de Assad!), no Iraque e, sobretudo, na Turquia. O dinheiro pego em bancos iraquianos é pouca coisa comparado à renda com o petróleo. Além disso, o EI está tentando desenvolver uma administração comercial e criou empresas de fachada. E, por fim, a cobrança de impostos cresceu muito.

O que se sabe dos atributos estatais reais do EI atualmente?

O Daesh é um poder piramidal mas nômade, que circula num espaço relativamente definido. Centralizado, por certo, mas com uma verdadeira delegação das decisões militares no terreno. É claro, para atacar Tikrit ou Mossul, as ordens provêm do escalão mais alto. Quando se apoderam de um novo território, instauram uma *wilaya*, um governo distrital, com um emir no comando e um esboço de administração local, a começar por uma polícia. Sua prioridade consiste em tranquilizar a população sunita.

E conseguem?

Sim, mas com dificuldade. Conseguirão manter um vasto espaço – cinco vezes o Líbano – povoado com seis a sete milhões de indivíduos que permanecem, no fundo, na expectativa? Desde que os Estados Unidos começaram a bombardeá-lo, é possível sentir no Daesh uma tensão crescente. Quatro jihadistas curdos que tinham se juntado a suas fileiras foram fuzilados, acusados de espionagem. Estão começando a reprimir os jovens. Suspeitam que os recém-chegados sejam "infiltrados". Os jihadistas veteranos têm primazia sobre os novos, chamados "*made in China*". Essa crispação deve se intensificar.

Qual é a ambição territorial do califado?

Em tese: todo o mundo muçulmano. Mas é difícil saber quais são as ambições atuais. Ou mesmo se elas foram fixadas. Para seu chefe Abu Bakr al-Baghdadi, Erbil, a capital curda iraquiana, está "dentro" do califado.

É verossímil que o EI ataque Karbala, Bagdá ou Damasco?

O Daesh ambiciona atacar os símbolos do xiismo. Mas chegar ao ponto de atacar Karbala, a grande cidade santa do xiismo no Iraque ao lado de Najaf? Não... Isso modificaria demais o equilíbrio das forças. O Irã interviria abertamente. Al-Baghdadi sabe que Bagdá e Karbala estão fora do seu alcance. O EI pode fomentar atentados graves nessas cidades, cometer massacres nelas, mas não pode tomá-las no contexto atual.

Estamos assistindo a uma "insurreição sunita" contra o poder central?

Eu não utilizaria essa expressão. Pois nem todos os sunitas seguem o Daesh. Assim, o EI tomou a cidade de Faluja, mas nunca conseguiu controlar sua região (Al-Anbar) embora esta seja inteiramente sunita. Em sua maior parte, a população sunita permaneceu passiva diante do Daesh. Se não se opôs a ele foi porque considera que nada de bom virá de Bagdá. Afinal, o Daesh lhes permite obter um reconhecimento do caráter nefasto da marginalização dos sunitas e se livrar do primeiro-ministro Al-Maliki, o que não é pouca coisa.

O que se sabe da aliança entre o EI e os antigos baathistas fiéis a Saddam Hussein?

Já faz anos que ex-militares baathistas têm aderido ao Daesh, vendo nele uma opção passageira para pôr fim à marginalização dos árabes sunitas. Mas a maior parte deles se viu prisioneira dessa aliança. Os que aderiram recentemente ao EI ainda podem se dissociar dele. Os mais antigos, tenho minhas dúvidas. Sobretudo, os norte-americanos devem compreender que sua estratégia dos anos 2007-2008 que consistia em barganhar a fidelidade dos sunitas deixou de ser válida na maior parte dos casos. A desconfiança destes em relação ao governo de Bagdá é infinitamente maior hoje do que naquele momento. E eles estão mais divididos do que se imagina.

O Iraque corre o risco de se dividir?

Criar um Estado sunita ao lado de um Estado curdo e de um Estado xiita seria dar um tiro no próprio pé. Seria oferecer um caminho de retorno para o Daesh no futuro. E temo que transformar o Iraque numa confederação com bases étnicas e religiosas gere uma situação conflituosa ainda pior do que a divisão da ex-Iugoslávia.

24 de setembro de 2014

A vassoura do aprendiz de feiticeiro

Michel Onfray, filósofo

Dois franceses muçulmanos planejaram friamente o assassinato da fina flor do desenho satírico francês e deixaram atrás de si uma carnificina sem nome. A França caiu então numa atitude compassiva muito adequada ao espírito do tempo, já que faz vender jornais, gera ibope para as emissões de TV e fornece assunto para a tagarelice infinita dos canais de jornalismo *non stop*. Veteranos do GIGN (grupo de operações especiais da polícia francesa) ou do RAID (unidade de elite da polícia nacional), chefes dos serviços políticos e editorialistas, especialistas de todo tipo dividiram o tempo de fala com o anônimo que proferia as pérolas costumeiras: "Nada a ver com o islã", "Devemos evitar os amálgamas", quando não a obscena frase: "Os muçulmanos são as primeiras vítimas de tudo isso"!

Os membros da classe política seguiam os passos desses anônimos: agora, todo mundo se chamava Charlie: os padres e os militares, os rabinos e os imames (guias espirituais muçulmanos), os babacas e os politiqueiros, enfim, todos aqueles cujos traseiros *Charlie*, jornal que estava à beira da falência, chutava toda semana! Os sinos de Notre-Dame bateram por Cabu, Fernando Arrabal falou de prêmio Nobel póstumo para os cartunistas, cogitou-se colocar Charb no Panteão! É preciso nunca ter lido *Charlie* para acreditar que eles teriam assinado em baixo dessas frivolidades. É possível não desejar nem a compaixão que impede de pensar nem a cumplicidade com aqueles que impedem que pensemos – a tiros de kalashnikov.

Pensar é justamente se perguntar como chegamos aí. Para fazer isso, é preciso abrir o foco e olhar um pouco para trás: historicizar, o melhor antídoto contra a atitude compassiva.

Mitterrand converteu a França e os socialistas ao liberalismo em 1983. Para fazer seus eleitores acreditarem que ele não estava fazendo a política de Giscard, liberal, europeia, geradora de desemprego, portanto de pauperização, de delinquência e de radicalizações diversas, especialmente a islamista, ele instrumentalizou uma Frente Nacional (FN) que, antes dele, não passava de um grupelho, a ponto de fazer entrar 35 deputados da mesma na Assembleia nacional em 1986 sob pretexto de proporcionalidade. A FN é a vassoura do aprendiz de feiticeiro...

Tudo o que dividia a direita servia a Mitterrand para se manter no poder e obter uma reeleição – o que ocorreu. Para que a FN existisse, eram necessários dois campos: o bem e o mal, os imigrados e os racistas. Dois campos é o começo do fim para o pensamento. Para a esquerda liberal isso era a garantia de poder continuar partilhando o poder com a direita liberal. Depois de Mitterrand, Chirac, depois de Sarkozy, Hollande, todos unidos por um mesmo programa: o de Giscard!

A Europa de Maastricht, o brinquedinho novo de Mitterrand, devia trazer o emprego pleno, a amizade entre os povos, o fim das guerras; o que tivemos foi o desemprego em massa, o comunitarismo, a diluição da república e, agora, a assim chamada guerra civil... O fim da esquerda antiliberal diluída nos postos ministeriais do programa comum e, depois, a queda do muro de Berlim deixaram todo o espaço livre para o mercado que a esquerda liberal geria sem problemas de consciência. Ela continua a geri-lo da mesma maneira e continua a brincar com a FN, diabo criado e mantido por seus cuidados.

Enquanto isso, a França aplicava uma política esquizofrênica: islamofóbica no exterior, islamófila no interior. E continua sendo assim hoje. No exterior, com a aprovação da direita e da esquerda, a França bombardeou as populações muçulmanas do Afeganistão, do Iraque, da Líbia, do Mali sob o pretexto de lutar contra o terrorismo que, antes dos bombardeios, não nos ameaçava diretamente. A maior parte dos intelectuais que gozam de celebridade pública apoiou essas guerras – isso quando não as desejou ardentemente: penso no terrível papel desempenhado por BHL (Bernard-Henri Lévy) como figura emblemática desse tipo de intelectual. Como essas guerras reiteradas contra os muçulmanos em todo o planeta há quase 25 anos não fariam da França um alvo? É o que ela se tornou hoje.

Islamofóbica no exterior, a França é islamófila no interior. De fato, o islã na França foi representado como não tendo nada a ver com o islã planetário. O que denota uma incompreensão do sentido da umma, que define a comunidade da totalidade dos muçulmanos do planeta. E também um silenciamento da reivindicação dos matadores de *Charlie* que se dizem pertencentes à Al-Qaeda do Iêmen, embora sendo franceses: porque a comunidade, a umma, está se lixando para as fronteiras e para as nações. O islã é uma religião desterritorializada cuja mensagem adota os caminhos da internet que reúne em tempo real aqueles que estão separados no tempo e no espaço em todo o globo.

As mídias dominantes retomam em coro, junto com a classe política, a lenga-lenga de um islã "religião de paz, de tolerância e de amor". É preciso nunca ter lido o Corão, os hadiths do profeta e sua biografia para ousar sustentar uma coisa dessas! Quem quer que remetesse a esses textos passava por um literalista islamofóbico. A publicação de meu *Tratado de ateologia* dez anos atrás me mostrou o tamanho desse estrago – e a falta de cultura daqueles que se revelam menos islamófilos do que liberticidas!

A esquerda liberal e a esquerda antiliberal comungam nessa denegação, deixando campo livre para Marine Le Pen que mergulha com alegria e, infelizmente, sucesso, nesse vazio deixado pela denegação da esquerda. Não há uma diferença de natureza, mas apenas de grau, entre o islã pacífico do crente integrado na República que leva sua vida boa tendo como princípio a famosa sura "nenhuma coerção em matéria de religião" e o islã daqueles que se baseiam em diversas outras suras do mesmo Corão e que se revelam antissemitas, falocratas, misóginos, homófobos, belicistas, guerreiros, e matam em nome do livro que diz também que não se deve matar...

A imperícia dos políticos que não têm outra perspectiva além do acesso ou a permanência no poder levou uma grande parte dos franceses ao desespero. Alguns votam sem ilusões, outros nem votam, outros fazem de conta, outros endossam ideologias prontas para o consumo – a religião cumpre admiravelmente essa função –, outros se fecham egocentricamente. Alguns também são tentados pela violência: Robespierre volta a ser um modelo, outros esperam gulosamente "a revolução que vem" – e nada leva a crer que ela seja pacífica –, outros se voltam para Mao ou Lênin, quando não Stálin. E alguns fazem dos fedayins dos anos 1970 seus modelos de pensamento e de ação. Estamos nesse pé. Infelizmente!

O que precisávamos era ter hoje, na esquerda, um Jean-Pierre Chevènement capaz de, no exterior, aplicar uma política pró-árabe que não seja anti-israelita e, no interior, uma política claramente laica que não deixasse nenhum peão se posicionar numa estratégia antirrepublicana sobre o tabuleiro francês.

21 de janeiro de 2015

Os jovens franceses da jihad

Dounia Bouzar, antropóloga

Entrevista realizada por Laurent Greilsamer

Você acompanha mais de 130 famílias em sua missão que consiste em escutar e amparar os pais de jovens atraídos pela jihad ou que já partiram para a Síria. Qual é o perfil deles?

Nem todos esses jovens são "atraídos pela jihad". A astúcia dos recrutadores consiste justamente em fisgá-los com outras missões: cuidar das crianças impunemente atacadas com gás por Bashar al-Assad, salvar o mundo de sociedades secretas conspiratórias que querem eliminar os povos, etc. Alguns vão realmente e conscientemente para "combater". Mas uma boa metade vai persuadida de que está partindo para uma missão humanitária. A tipologia é portanto bastante ampla.

Antes, os terroristas arregimentavam principalmente o que se costuma chamar de jovens "frágeis", "sem pai nem referências": fracasso escolar, nenhuma esperança social, dificuldades familiares, bairros desfavorecidos. Hoje não é mais assim. Os recrutadores sofisticaram tanto suas técnicas de doutrinação que conseguem atingir jovens de todos os meios sociais, inclusive estudantes talentosos dos bairros nobres de Paris. Das 130 situações que estudei, 70% das famílias não têm nada a ver com a memória da imigração, 80% são de referência ateia e apenas cerca de 20% têm uma convicção religiosa (católica, protestante, judaica ou muçulmana).

As redes visam em primeiro lugar os jovens que buscam um ideal mas não conhecem o islã. A doutrinação nesses casos é mais fácil e mais rápida. Um jovem assim pode cair na rede em menos de três meses... Os pais pertencem majoritariamente às classes médias ou altas. Isso significa que as classes populares não nos chamam ou só nos chamam quando é tarde demais: quando o jovem já partiu.

O papel dos amigos, dos imames, da internet é real?

O islã radical não passa pelas mesquitas. Foi perdido muito tempo com isso. Enquanto se vigiavam os imames, os terroristas aperfeiçoavam seus vídeos de doutrinação com a teoria da conspiração, as imagens subliminares dos videogames e imagens chocantes, insuportáveis, de crianças massacradas na Síria. Os imames são como os outros: não sabem diferenciar um jovem ortodoxo de um jovem doutrinado.

É preciso compreender que a maior parte de nossos jovens adere à ideologia totalitária do islã radical sem nunca ter posto os pés numa mesquita ou conversado sobre isso com um muçulmano de carne e osso: 90% da doutrinação passa pela internet, principalmente pelas redes sociais, e em seguida vem o *networking*. Na maioria dos casos, os jovens só encontram alguém pessoalmente no último momento. Às vezes, esse alguém já é o motorista do carro que os espera na esquina da rua para levá-los para a Bélgica, depois para a Turquia, depois para os grupos terroristas. Há até garotas que se casam (virtualmente) sem nunca terem visto o marido.

Trata-se de um fenômeno sectário?

É muito simples: religião vem de "religar" e de "acolher", seita vem de "seguir" e de "separar". A partir do momento em que um discurso, por mais que se diga religioso, leva à autoexclusão e à exclusão dos outros, estamos diante de uma deriva sectária. O que eu observo é o efeito do discurso sobre o indivíduo mais do que seu conteúdo. Nós aprendemos a detectar os "indicadores de ruptura": o jovem não quer mais ver seus amigos porque eles não estão "no caminho da verdade"; recusa-se de repente a continuar seu curso de guitarra dizendo que "é coisa do diabo"; não quer mais fazer esporte porque "o ensino misto é uma degeneração"; fecha-se no quarto com seu computador dizendo que "é o fim do mundo"; ou para de ir à escola "porque ela é um projeto dos cruzados". Podemos saber então que não estamos diante de um processo de "conversão ao islã" e sim de um sistema de ruptura. É um indicador de alerta. Não se deve aplicar uma grade de leitura de "direito do homem à liberdade de consciência"... É preciso perceber que tem um discurso pirateando a consciência desse jovem! Que, justamente, os direitos da criança e do jovem estão sendo ultrajados! Não há islamofobia pior do que achar normal que um jovem pare de fazer esportes ou de frequentar a escola em nome do islã...

Você teve a oportunidade de encontrar jovens que voltaram dessa aventura?

Muito poucos voltam, muitos morrem. Outros são sequestrados, principalmente as garotas, que se "desdoutrinam" rapidamente ao constatar que não apenas não há ação humanitária nenhuma, mas também que os terroristas exterminam todos aqueles que não lhes prestam vassalagem. A começar pelos muçulmanos sírios que supostamente elas tinham vindo ajudar...

Meu livro *Eles buscam o paraíso, eles encontraram o inferno* evoca esses destinos devastados, e este mistério que as "mães órfãs" tentam decifrar: como foi que seus filhos, inteligentes, dotados de razão, sensíveis, amorosos, puderam cair nessa e acreditar no discurso de desconhecidos encontrados na internet?

8 de outubro de 2014

Not in my name!

Laurent Greilsamer, cofundador do *Le 1*

É uma imagem muito forte: uma jovem, com o rosto enquadrado por um grande lenço em cores pastel, vem nos dizer em inglês: "O Estado Islâmico não representa nem o islã nem muçulmano algum". Só o tempo de uma frase e já um jovem, de cabelo raspado e moletom, continua: "O que eles fazem é totalmente anti-islâmico". E assim por diante, muçulmanos se sucedendo na tela, uma jovem de blusa vermelha, um senhor bigodudo. Esse clipe, concebido na Grã-Bretanha, tem uma energia rara. É muito bom. De modo algum resignado ou submisso a uma injunção britânica. De modo algum hipócrita. Sincero, pelo contrário, espontâneo. Soa como uma afirmação. Mas quem são esses terroristas que pretendem falar por nós? eles dizem, cada um à sua maneira. Essas pessoas são os porta-vozes da imensa maioria muçulmana silenciosa que não encontra as palavras para dizer isso. Os muçulmanos são eles, explicam. Muçulmanos livres, modernos. Que a organização Estado Islâmico se cale, pare de reivindicar a tutela do Profeta. *Not in my name!* A expressão, simples, atravessou o canal da Mancha. As redes sociais se apropriaram da fórmula na França, gerando rajadas de tweets "*Pas en mon nom*" em resposta aos comunicados sangrentos do grupo Estado Islâmico. Isso quer dizer, sim, nós somos desse país, solidários de cada um. E ressoa como um ato fundador de emancipação.

8 de outubro de 2014

"A islamização é um mito, e nós somos animais míticos"

Raphaël Liogier, sociólogo e filósofo

Entrevista realizada por Éric Fottorino

Por que tantos muçulmanos franceses se sentem na obrigação de deixar claro que condenam as ações do Estado Islâmico?

Nesses últimos anos, eles foram intimados a se justificar. Todo mundo exige isso deles. Não apenas intelectuais célebres. As mídias também, de maneira indistinta, com a ideia de que eles nunca fazem o bastante para se dissociar dos atos terroristas ou violentos. Houve uma inversão da lógica do ônus da prova: o muçulmano deve demonstrar que não é um criminoso. Todo mundo emprega uma expressão que devia ser suprimida: "muçulmano moderado". O islã seria como o arsênico. Se você ingere demais, se é muçulmano demais, torna-se necessariamente um fundamentalista perigoso. Já a expressão "budista moderado" não funciona. Ser integralmente muçulmano equivaleria *ipso facto* a ser um integrista violento.

Que contexto levou todos esses muçulmanos a exibirem cartazes dizendo "Not in my name"?

A imagem geral é esta, apontada por todas as pesquisas: mais de 80% dos franceses acham que os muçulmanos tentam impor seu modo de vida. Que eles exageram, não se mancam. No mínimo, mesmo que não queiram nos matar, querem que aceitemos suas práticas nas piscinas, nos hospitais, etc. Desde os anos 2000 assistimos a um duplo fenômeno: alguns muçulmanos se revoltam individualmente contra essa imagem e botam a boca no trombone: eu sou republicano, não fiz nada, reivindico ainda mais meu pertencimento ao islã. Outros, pelo contrário, submetem-se, evitam dizer que são muçulmanos.

Nossas enquetes no *Observatório do religioso* demonstram isso, especialmente quando se trata de procurar trabalho e moradia. Quando a organização Estado Islâmico ou outros grupos terroristas fazem falar deles, isso provoca neles a necessidade de se justificar. Sentem-se culpados. Outros, que desejam viver normalmente, silenciam ao máximo seu pertencimento ao islã.

Os horrores recentes provocaram novas reações?

Todo mundo ficou chocado, e os muçulmanos ainda mais, sofrendo a ponto de sentir a necessidade de se dissociar. A atitude deles é tranquilizadora para a maior parte de nossa população. Hoje, se o morador do apartamento vizinho ao seu é muçulmano, você já fica imaginando que ele pode ser um terrorista. É uma ilustração da tese do antropólogo Arjun Appadurai: o século XX tinha medo das revoluções de massa, o XXI tem medo dos pequenos números, cada um teme seu vizinho. Antes do início dos anos 2000, o discurso sobre a islamização era sobretudo quantitativo: os muçulmanos se multiplicariam mais rápido que os outros. Imigrariam mais para a França e converteriam tudo o que houvesse pela frente. Depois se acrescentou a dimensão qualitativa: a pretensa intencionalidade. O muçulmano teria um plano. Se ele se reproduz, imigra e converte, faz isso deliberadamente porque quer se impor a nós.

O fenômeno das conversões merece a atenção que tem lhe sido dada?

Na França, os serviços de informação estimam o total de conversões em cerca de 4.000 por ano. Um pouco mais de dez por dia. Para uma população de 60 milhões de habitantes, isso é muito pouco. Pode-se dizer claramente que não há nenhum movimento de conversão. Em contrapartida, existe um movimento de reconversão. Muçulmanos etnoculturais que se voltam para uma forma mais intensa de islã.

Que argumentos opor àqueles que acreditam apesar de tudo numa islamização de nossa sociedade?

Nenhum. Não se pode combater um mito com argumentos. É algo que se sente, do domínio da emoção. É o efeito do "mas mesmo assim...". Eu demonstro para você que essa islamização não existe, e você responde "ok, mas mesmo assim". Somos animais míticos. Por não termos contato direto com o real, nós o contamos através de grades de leitura, de mitos. E quando a narrativa que atribui sentido a nossa existência se desintegra sentimos um mal-estar. Nossa sociedade, como outras sociedades europeias, sofre hoje esse mal-estar, comparável ao que Freud chama de ferida narcísica. A Europa foi o centro de gravidade da humanidade. Ser o centro do mundo era a grande narrativa europeia. Estou pesando minhas palavras: o resto do mundo gravitou ao redor da Europa, que situou os outros continentes numa relação de repulsão/atração. A Europa quer atrair, mas ao mesmo tempo ela repele. Afirmamos querer integrar os jovens de origem magrebina, mas na realidade os mantemos a distância, como satélites que devem girar ao redor de "nós", seguir-"nos" sem se misturar a "nós". Mas se eles se vestem diferente da gente, se não tentam mais nos imitar, achamos que não estão nos respeitando.

A islamização se tornou o mito negativo de uma Europa que não consegue mais se narrar positivamente. Por não conseguirem mais dizer o que são, os europeus precisam gritar o que não são: muçulmanos.

8 de outubro de 2014

Por que tanto ódio?

Dominique Schnapper, sociólogo e cientista político

À perplexidade, à tristeza e à indignação dos três primeiros dias, à comunhão durante o sábado e o domingo em todas as cidades da França, deve se seguir a reflexão. Por que jovens franceses – alguns oriundos de famílias tradicionalmente muçulmanas, outros convertidos – alimentam em relação às instituições que os protegeram e aos valores democráticos um ódio radical e uma capacidade de violência que os islamistas mundiais sabem manipular em seu proveito?

É fato sabido há anos. O ódio pelos judeus, mas também o ódio pela França, tem se desenvolvido em bairros ditos "sensíveis". As pesquisas sociológicas, os trabalhadores sociais – muitas vezes de origem muçulmana – e os professores nas escolas testemunham isso. Uma violência "cega", ou "pura" vem atingindo as instituições "imediatas": escolas, bibliotecas ou consultórios médicos. As crianças judias abandonam o ensino público por não se sentirem seguras. Contudo, por medo de estigmatizar os muçulmanos republicanos – não se deve esquecer que o fenômeno maciço é o da integração progressiva da maioria da população descendente dos imigrantes muçulmanos –, e também por não se saber o que fazer contra o mal, um silêncio constrangido vinha cobrindo esses fatos com um véu de ignorância. Refugiávamo-nos na ideia de que eles eram apenas uma pequena minoria. Mas a ação das minorias carrega um sentido que não se resume ao seu número.

Os terroristas são marginais, produtos da miséria social. Desprovidos de tradição cultural herdada, não adquiriram nem a cultura transmitida pela escola nem a socialização que ela implica. Encontram-se neles os traços clássicos da delinquência: uma subcultura de adolescentes, não utilitária, negativista, agressiva, marcada por um hedonismo imediatista, que inverte voluntariamente o sentido da cultura dominante. Sua violência traduz as frustrações das crianças e jovens dos meios populares que não têm os meios necessários para se adaptar ao mundo democrático. Descendentes de imigrantes ou não, eles são os filhos da crise da sociedade francesa. Pertencem à categoria dos que são as primeiras vítimas desta: os jovens das classes populares. Há mais de três décadas, as escolhas coletivas implícitas da sociedade têm favorecido os mais velhos em detrimento dos mais jovens, e os assalariados do serviço público em detrimento dos assalariados do setor privado.

Além disso, nasceram num meio onde reina o antissemitismo tradicional dos pobres, alimentado pelo amargor e pelo ressentimento. Fenômeno que se recarrega a cada episódio do conflito israelo-palestino, ainda mais fortemente já que alguns dentre eles, para dar algum glamour a seu destino, identificam-se com a sina dos palestinos.

Sua humilhação ainda é reforçada pelo bloqueio do sistema político. Embora a "marcha dos *beurs*" (ou Marcha pela Igualdade e Contra o Racismo), em dezembro de 1983, tivesse feito uma reivindicação que se inscrevia diretamente na tradição republicana, os políticos responderam manipulando o movimento em seu proveito imediato. Ora, a marginalização das categorias modestas se torna mais dramática quando se deixa interpretar em termos "étnicos" ou "raciais", e quando o passado colonial pode ser evocado: o arrancamento dos pais da terra natal e a humilhação que sofreram no "trabalho em migalhas" das fábricas durante os "Trinta Gloriosos".[2] As humilhações sofridas não se esquecem. Transmitem-se de geração em geração.

A marginalidade social e o desemprego endêmico não explicam tudo. A democracia "extrema" não favorece a integração das populações marginais ou frágeis. Ela cultiva uma relatividade dos valores que constitui um choque para os herdeiros de culturas tradicionais. A liberdade sexual ou o "casamento para todos" ferem populações cujas tradições eram organizadas em torno das normas familiares. Para elas é como se toda noção de limite, de interdito e de moral tivesse desaparecido. Diante dessa agressão, os filhos criados por pais cujas referências morais foram derrubadas correm o risco de ceder seja ao abandono de qualquer referência, seja a um tradicionalismo exacerbado, como demonstra o machismo brutal que predomina em algumas periferias.

O enfraquecimento do patriotismo contribui, por sua vez, para tornar mais difíceis os processos de integração. A escola autoritária da Terceira República impunha às crianças das classes populares o "orgulho de ser francês". Hoje, denunciam-se o imperialismo, o projeto colonial e a escravidão. O arrependimento generalizado impede o governo de celebrar os momentos do passado coletivo que foram por muito tempo julgados gloriosos.

---

[2] O período de intenso crescimento econômico da França que se estendeu de 1946 a 1975. (N.T.)

Os sociólogos apontam que hoje em dia é o próprio individualismo que "cria laço". Mas isso diz respeito sobretudo às categorias médias e intelectuais. O laço que nasce do individualismo só é eficaz para aqueles que herdaram uma socialização sólida e que têm a segurança dos mais fortes. Os outros experimentam um individualismo "negativo". As leis fortes protegem os mais fracos; a perda de vigor da lei favorece os mais fortes; e as sociedades em que o controle social esmorece fragilizam os mais vulneráveis.

Mais fundamentalmente, a sociedade democrática deixa a cargo de cada um dar um sentido à sua vida, inscrevê-la numa crença herdada ou numa visão do mundo e do além. Mas aquilo que é vivido como uma liberdade e uma responsabilidade pode também ser percebido por outros como uma ausência de sentido. O dogmatismo mais fanático e mais simples vem então dar esse sentido, e quanto mais fanático e mais simples melhor. A história mostra que a violência está sempre próxima e que a civilização dos costumes políticos permanece frágil. A democracia exige um longo aprendizado individual e coletivo, é um regime tão improvável quanto frágil.

Como responder a não ser por meio da afirmação de nossos valores? É por meio da firmeza e não da renúncia que poderemos vencer a longo prazo as forças do mal. É preciso lutar contra o antissemitismo, mesmo sob suas formas sofisticadas de antissionismo, porque os terroristas compreenderam perfeitamente que todo ataque contra pessoas e instituições judaicas lhes rende um eco político e midiático de uma potência extraordinária. É preciso que o discurso de nossos dirigentes nesse sentido seja ouvido e que sua voz se torne forte e respeitada o bastante para impor a lei republicana. É preciso lutar para interromper a lenta comunitarização da sociedade francesa. Os políticos alimentaram com demasiada frequência a ideia de "comunidades" no seio da sociedade francesa, fazendo os judeus e os muçulmanos aparecerem como estranhos à nação, ao mesmo tempo que se desenvolvia a confusão entre judeu e israelense. É responsabilidade dos políticos, mas também dos intelectuais, favorecer o verdadeiro diálogo entre todos, para que as crianças perdidas da República compreendam, elas também, que só os valores, exigentes e frágeis, da democracia nos permitem viver junto humanamente.

21 de janeiro de 2015

Carta aberta a Al-Baghdadi e aos partidários do Estado Islâmico

Extrato.
Fonte: lettertobaghdadi.com

Numa longa carta aberta, 126 sábios sunitas do mundo inteiro uniram suas vozes para denunciar os atos de barbárie perpetrados pelos jihadistas da organização Estado Islâmico. O documento, datado de 19 de setembro de 2015, endereça-se diretamente a Abu Bakr al-Baghdadi, califa autoproclamado, e a seus fiéis. Ponto por ponto, os signatários refutam os argumentos religiosos de Al-Baghdadi multiplicando as referências à charia, *corpus* dos textos sagrados sobre o qual o grupo terrorista pretende assentar a legitimidade de seu combate. Seguem-se alguns extratos da carta.

8.d. As regras de conduta da jihad

As regras de conduta da jihad estão resumidas nas palavras do profeta Maomé: "Fazei a guerra, mas não sejais severos, não ajais como traidores, não mutileis, não mateis crianças...". O Profeta também disse no dia da conquista de Meca: "Aqueles que batem em retirada não devem ser mortos, os feridos não devem ser atacados de novo, e aquele que fecha sua porta está a salvo". Do mesmo modo, quando Abu Bakr as-Siddiq [companheiro do Profeta e primeiro califa] preparou um exército e o enviou ao Levante, ele disse: "Encontrareis pessoas que se votaram à vida monástica, deixem-nas com suas devoções. Encontrareis também outros cuja cabeça é sede de demônios (isto é, diáconos armados), então golpeiem suas nucas. Mas não mateis os velhos e os decrépitos, as mulheres, as crianças; não destruais as construções, não corteis as árvores, não firais o gado à toa; não queimeis nem inundeis as palmeiras; não ajais como traidores; não mutileis; não sejais covardes; e não saqueeis. E, em verdade, Alá ajudará aqueles que O ajudam e ajudam Seus mensageiros mesmo sem O ver. Em verdade, Alá é forte, poderoso".

No que diz respeito aos prisioneiros, matá-los é proibido pela lei islâmica [charia]. No entanto, vocês mataram numerosos prisioneiros: 1.700 no Campo Speicher em Tikrit em junho de 2014; 200 no campo de gás de Sha'er em julho de 2014; 700 prisioneiros da tribo Sha'etat em Deir ez-Zor (600 deles civis não armados); 250 na base aérea de Tabqa em Raqqa, em agosto de 2014; soldados turcos e libaneses, e Alá sabe quantos outros. Esses são crimes de guerra atrozes. [...]

17. Tortura

Prisioneiros sobreviventes contaram que vocês os torturaram e aterrorizaram por espancamento, assassinato e diversas formas de tortura, inclusive enterrando pessoas vivas. Decapitaram pessoas à faca, o que é uma das formas de tortura mais cruéis e é proibido pela lei islâmica. Durante os massacres que perpetram – e que são proscritos pela lei islâmica –, seus combatentes debocham daqueles que estão prestes a matar dizendo-lhes que serão mortos como carneiros, e depois soltam balidos e os abatem, de fato, como carneiros. Seus combatentes não se contentam em matar, acrescentam a isso a humilhação, o aviltamento e o deboche.

18. Mutilação

Vocês não apenas mutilaram cadáveres como também puseram as cabeças decapitadas de suas vítimas sobre estacas e as chutaram como bolas, depois difundiram essas imagens pelo mundo durante a Copa de futebol – esporte em princípio autorizado pelo islã e que permite às pessoas aliviarem o estresse e esquecerem um pouco seus problemas. Riram com sarcasmo diante dos cadáveres e das cabeças cortadas, e difundiram as imagens desses atos a partir das bases militares que controlam na Síria. Forneceram assim numerosos argumentos àqueles que querem qualificar o islã de bárbaro, difundindo as imagens de atos bárbaros que afirmam ter cometido em nome do islã. Deram assim ao mundo um porrete para bater no islã quando na realidade o islã é completamente inocente desses atos e mesmo os proscreve.

22. O califado

Existe um acordo (*ittifaq*) entre os estudiosos de que um califado é uma obrigação da umma. A umma carece de um califado desde 1924 [data do desmantelamento do Império Otomano]. Contudo, um novo califado exige o consenso do conjunto dos muçulmanos, e não apenas de algumas pessoas reunidas num pequeno ponto do mundo. Omar Ibn al-Khattab disse: "Quem quer que tenha prestado vassalagem a um homem sem consultar os muçulmanos cometeu um engano; e nem ele nem o homem a quem prestou vassalagem deve ser seguido, pois este colocou a vida de ambos em perigo". Anunciar um califado sem consenso constitui uma sedição (*fitnah*), porque deixa fora do califado a maioria dos muçulmanos que não o aprova. Isso levará também à emergência de vários califados rivais, semeando dessa forma a sedição e a discórdia (*fitnah*) entre os muçulmanos. Os inícios dessa discórdia já se anunciaram quando os imames sunitas de Mossul se recusaram a prestar vassalagem a vocês e foram mortos. [...]

8 de outubro de 2014

“Um tratado de paz entre sunitas e xiitas parece impossível”

Henry Laurens, historiador

Entrevista realizada por Sylvain Cypel

De quando data o confronto moderno entre sunitas e xiitas?

Uma virada importante se deu no século XVI, quando dois blocos se constituíram, com um Império Otomano sunita combatendo um Império Persa Xiita. No século XVIII, o xiismo também se tornou majoritário no Iraque. Desde então, a tensão domina a relação entre as duas obediências. Alguns movimentos reformistas, no século XIX, tentam ações “ecumênicas” de ambos os lados, com a abertura de escolas comuns; outros reforçam as tendências identitárias. E, globalmente, até a revolução islâmica no Irã em 1979, a oposição xiitas *versus* sunitas permanece secundária no espaço muçulmano, onde predominam as questões nacionais e sociais. Assim, por exemplo, a maior parte dos comunistas no Oriente Médio era de obediência xiita.

O xiismo parece mais rígido e hierarquizado que o sunismo, e ao mesmo tempo mais aberto...

O xiismo se construiu a partir dos “sábios em religião”. Seus grandes centros religiosos são inicialmente universidades, cuja história recorda a Sorbonne ou Oxford. Um religioso xiita consumado, um mujtahid, é um intelectual completo. Deve não apenas dominar as ciências religiosas, como também a filosofia grega foi amplamente integrada a seus estudos. O primeiro escrito de Khomeini, então estudante em Qom, versa sobre textos neoplatônicos. Nas grandes universidades iranianas, você encontra todo o pensamento ocidental importante traduzido para o persa. O nível intelectual do mundo xiita é claramente superior ao dos sunitas. No sunismo, não se encontram mais filósofos sérios depois do século XV.

Em que seu estatuto de minoritários influenciou a filosofia religiosa e política dos xiitas?

Minoritários, eles sempre foram, mas nem sempre politicamente. Houve no Islã períodos em que o xiismo foi dominante, como com as fatímidas[3] que reinaram do Oriente Médio ao Marrocos entre o século X e o XII. Mas, efetivamente, a guerra entre otomanos e iranianos, que durou três séculos, equivale às guerras religiosas na Europa. Os xiitas e suas dissidências (yazidis, alevis...) foram percebidos pelos otomanos como uma quinta-coluna. O caldo azedou quando o poder otomano se redefiniu como califado. Aquele que não reconhece o califa se torna um ímpio. Assim, os otomanos reconheciam os cristãos ou os judeus, mas não os muçulmanos não sunitas. Mais recentemente, o advento de Khomeini no Irã constituiu um momento-chave, pois demonstrou que uma

---

[3] Dinastia xiita fundada por um descendente de Fátima, filha de Maomé. (N.T.)

força muçulmana podia tomar o poder. Muitos sunitas sentem isso como uma vontade de hegemonia sobre todo o islã. De fato, quando Khomeini lança sua *fatwa*[4] contra Salman Rushdie, ele o faz em nome de todos os muçulmanos. No mesmo ano, os jihadistas sunitas, vencedores dos soviéticos no Afeganistão, teorizam sua vitória para se voltarem contra os dois outros grandes inimigos: os norte-americanos e... os xiitas. Durante um interrogatório, Khaled Kelkal [terrorista morto em 1995 numa troca de tiros com policiais franceses] tinha explicado que "os xiitas são uma invenção dos judeus para comprometer o islã". Com a guerra Irã-Iraque (1980-1988), os iranianos passam de uma estratégia inicial defensiva a uma visão ofensiva de sua política regional. Criam o Hezbollah no Líbano, depois constroem alianças "anti-imperialistas" no mundo sunita, com o poder alauita laico na Síria, ou com o Hamas na Palestina.

O wahabismo, movimento sunita rigorista que emergiu há dois séculos, está na origem do salafismo moderno?

Não. Até o século XIX, o Islã viveu centrado sobre si mesmo. A ressurgência salafista se deve ao choque criado pelos imperialismos europeus. Os salafistas se insurgem contra suas elites que se deixam maltratar por praticantes de outras crenças. Impõe-se a ideia de que, se o Ocidente detém o poder, eles "detêm a verdade". Para essas pessoas,

---

[4] Uma *fatwa* é um pronunciamento com valor de lei emitido por uma autoridade religiosa islâmica. O autor se refere ao episódio, ocorrido em 1989, da condenação à morte pelo Aiatolá Khomeini do escritor indiano, de expressão inglesa, Salman Rushdie, por ter satirizado o islã em seu romance *Os versos satânicos*. (N.T.)

o islã deixa de ser uma adoração de Deus para se tornar um antiocidentalismo acompanhado de uma utopia política: voltar à Meca dos primeiros tempos, sociedade perfeita e contramodelo do Ocidente. Como disse o grande professor Wilfred Cantwell Smith (1916-2000): "Quando os muçulmanos não adoram mais Deus, adoram sua religião".

A corrente dita quietista, que privilegia o estudo, é amplamente majoritária no salafismo, ora, são os salafistas jihadistas que dominam...

Os jihadistas constituem o fenômeno moderno. O atrativo desse movimento pietista, que afirma a superioridade da fé sobre a razão, tem fundamentos sociológicos. O islã tradicional é uma religião de analfabetos. Um século atrás, 90% da população muçulmana mundial era analfabeta. Seu mundo era cheio de forças obscuras, de djinns e de superstições. As sociedades muçulmanas percorreram em cem anos o que nossas sociedades realizaram em cinco séculos: alfabetizar-se, passar da imprensa à internet. Uma pessoa que lê deixa de confiar cegamente em seus pais analfabetos. A alfabetização maciça teve por consequência paradoxal encorajar a leitura literal dos textos. Ainda mais porque predomina o improviso. E esse jihadismo – basta ver o Daesh! – se tornou mestre nas técnicas hollywoodianas de espetacularização da violência.

Um modus vivendi entre a Arábia Saudita, grande país sunita, e o Irã, líder dos países xiitas, é uma possibilidade?

Um tratado de paz entre sunitas e xiitas não é possível nem ideológica nem politicamente. Ainda mais que a monarquia saudita se emancipou muito da tutela norte-americana. Ela não perguntou nada a Washington antes de lançar neste verão seu assalto no Iêmen. Ao mesmo tempo, por mais que a tensão aumente entre Teerã e Riad, não se deve refletir em termos de essência: xiismo contra sunismo, Ocidente contra barbárie jihadista, etc. Na Síria e no Iraque, as práticas do Daesh são ignóbeis, mas o inventor do barril de TNT que mata a baixo custo é Bashar al-Assad!

O número de vítimas causadas pelo regime sírio é bem maior que o das pessoas mortas pelo Daesh. O conflito sírio funciona como um buraco negro que aspira todas as forças regionais, dos jihadistas europeus aos xiitas afegãos. Trata-se de uma situação "aroniana":[5] na Síria, uma solução militar é improvável, e uma solução política impossível. Não sabemos quem vai triunfar e, no entanto, essa resposta é a chave do futuro.

16 de setembro de 2015

---

[5] Referência à fórmula com que o pensador francês Raymond Aron definiu, em 1948, a guerra fria: "paz impossível, guerra improvável". (N.T.)

O fim do bernard-henri-lévismo

Jean-Christophe Rufin, escritor e diplomata

Faz 20 anos que a França tem o mesmo ministro das relações exteriores. Ele se chama Bernard-Henri Lévy (BHL).

Foi ele que travou o combate midiático contra Milosevic, que convenceu Jacques Chirac a intervir em Kosovo, que impeliu Sarkozy a entrar em guerra na Líbia e que, nos últimos meses, não parou de recomendar uma atitude ofensiva diante de Bashar al-Assad.

Não se pode condená-lo: ele faz o seu papel de intelectual. Fez a escolha de lutar sempre e em toda parte pela liberdade e contra a ditadura. É uma atitude respeitável.

A questão é, antes: por que os políticos obedecem a ele? Por que, apesar das reticências dos diplomatas e dos militares, os governantes escolhem o caminho que BHL traça para eles? Por que uma estranha unanimidade política cerca essas intervenções externas, mesmo quando está claro que elas só podem levar a catástrofes? Por que nenhum alerta é ouvido a partir do momento em que a mecânica midiático-política dessas guerras pretensamente justas é posta para funcionar?

Comecemos por uma evidência: o bernard-henri-lévismo é um pensamento simples. Não que seja simplista, ele é até bastante sutil e argumentado, alimentado por referências tomadas de empréstimo à Segunda Guerra Mundial e por observações humanitárias rigorosas. Mas permanece o fato de que ele é simples em sua formulação, já que designa claramente os bons e os maus e substitui a complexidade geopolítica das situações particulares por um critério exclusivamente moral: onde estão as vítimas? Quem são os carrascos?

Rejeitando toda e qualquer descrição equilibrada das atrocidades cometidas de ambos os lados (qualificada desdenhosamente como uma espécie de "neutralidade covarde"), o bernard-henri-lévismo distingue claramente a agressão e a legítima defesa. A violência, ao passar por esse filtro ideológico, torna-se absolutamente condenável de um lado e moralmente aceitável do outro.

É um pensamento muito bem adaptado à mentalidade norte-americana. O "Novo Mundo" se construiu sobre a rejeição das velhas querelas europeias e com o anseio de ser guiado unicamente por considerações morais. Os norte-americanos personalizam de bom grado seus combates e unem seu povo no ódio a um inimigo cuja maldade, obscurantismo e cinismo são, para começar, cuidadosamente descritos. Saddam Hussein cumpriu essa função na sua época.

BHL deu uma rejuvenescida nesse pensamento norte-americano que cheirava um pouco de mais a paróquia presbiteriana ou batista. Inscrevendo-se na filiação de Malraux, Camus e Lévinas, tornou o procedimento mais eficaz e mais midiático, embora permaneça, no fundo, idêntico.

Para um político, resistir à injunção moral de BHL é quase impossível. E ceder a ela só apresenta vantagens.

Lançar uma guerra recomendada pelo filósofo é a garantia de ser considerado humanitário, corajoso e antifascista. Humanitário porque, no princípio dessas intervenções, há sempre civis que sofrem. Pouco importa que sofram de ambos os lados. Só aqueles que estão do lado do bem merecem o estatuto de vítimas. Corajoso porque dar a ordem de soltar bombas é considerado viril. Pouco importa se os exércitos engajados são os dos Estados modernos superpoderosos e enfrentam o arsenal heteróclito dos ditadores do terceiro-mundo. E antifascista porque em Bernard-Henri Lévy *we trust* para estabelecer a comparação suprema, aquela que convoca os maus espíritos de Hitler e Mussolini para qualificar as situações presentes.

A outra vantagem desse tipo de empreitadas é que elas são infalivelmente vitoriosas. Quando o raio internacional é disparado na cabeça de um tirano, ele cai. Se Bashar resistiu foi porque os norte-americanos se recusaram a ir fundo e não foram utilizados todos os recursos disponíveis. A queda de um ditador é um momento de festa que pode inverter as curvas de popularidade mais baixas...

Mas infelizmente essa euforia não dura. O recalcado acaba sempre por voltar. Ele voltou no Afeganistão onde, apesar dos bilhões de dólares despejados, os talibãs estão às portas do poder. Ele voltou no Iraque onde George Bush tinha declarado imprudentemente ao ver a estátua de Saddam Hussein derrubada: "*War is over!*", e onde os ex-paroquianos de Saddam fazem um retorno estrondoso sob as cores do Estado Islâmico. Ele está voltando na Líbia há vários anos. O despedaçamento do Estado líbio se fez sentir primeiro no sul, perto do Saara, e ainda se podia fingir ignorá-lo. Ele afeta agora o Mediterrâneo e as costas italianas, e ninguém mais pode negar sua evidência.

Levaremos anos para tirar as lições de nossos erros, e seria muita presunção querer levar isso a cabo neste curto artigo. Vamos apenas esboçar algumas pistas de trabalho, sob a forma de aforismos a serem meditados antes de qualquer nova intervenção.

– Não se deve assumir a responsabilidade de abater um regime a não ser que se saiba pelo que ele será substituído.

– Só se pode "libertar" um país caso se esteja disposto a acompanhar sua reconstrução a longo prazo. Os norte-americanos lançaram o plano Marshall depois de libertar a Europa...

– Impedir um ditador de massacrar sua população é uma coisa; destruir um Estado é outra. Deter o braço sanguinário de Kadafi em Benghazi era legítimo. Derrubá-lo era outra história...

– Em matéria humanitária, os Estados devem se programar a longo prazo. O princípio não pode ser o de aplacar nossas emoções, mas de agir no interesse duradouro das populações. Intervimos para proteger o povo líbio. Quatro anos depois, sua sorte realmente melhorou? Os sofrimentos dos civis não terão aumentado?

– O julgamento moral raramente é pertinente em política, sobretudo em política internacional. Querer distinguir bons e maus em regiões onde, infelizmente, enfrentam-se sobretudo canalhas da pior espécie é uma loucura ou uma mentira. No Oriente Médio, por exemplo, os papéis estão distribuídos entre mullahs iranianos, baathistas sanguinários, jihadistas fanáticos, monarquias medievais. O pensamento moral se extravia e se desespera. A diplomacia deve ser fundada em estratégias, interesses, relações de força, e deve resistir à tentação de vitimizar um desses personagens, sob pena de agravar o caos.

O bernard-henri-lévismo foi um momento efêmero de nossa história, um momento durante o qual quisemos pateticamente nos abstrair das restrições da realidade em prol de uma visão ideal e moral.

13 de maio de 2015

"Os massacres de 13 de novembro ilustram a jihad da terceira geração"

Gilles Kepel, cientista político

Entrevista realizada por Éric Fottorino e Clara Wright

Como qualificar os massacres de 13 de novembro em Paris?

Eles ilustram a jihad da terceira geração. A precedente, a de Bin Laden, era dirigida de cima. Um chefe enviava as passagens de avião, pagava os cursos de pilotagem. Então, executantes perfeitamente formados cumpriam a missão. No Stade de France, os kamikazes ativaram seus cinturões de explosivos do lado de fora e só mataram a si mesmos. Nada a ver com o 11 de setembro. Quando observamos os matadores do Bataclan, ou Coulibaly em janeiro no supermercado judaico Hyper Cacher, eles têm comportamentos de adolescentes perversos que metralham avatares em videogames. As solidariedades que criaram são muito fracas.

Por quê?

Todo mundo está unido na dor e na dignidade, inclusive aqueles cujo apoio os matadores procuravam. Isso me recorda o período 1995-1997, quando os pais de família argelinos foram os principais baluartes contra o jovem terrorista do GIA (Grupo Islâmico Armado), Khaled Kelkal, e seus acólitos. Esses homens que tinham se sacrificado por toda a vida recusaram-se a seguir aqueles jovens imbecis. E a polícia pôde liquidá-los.

Um massacre, apesar de sua amplitude, pode ser um fracasso?

O terrorismo tem sua economia política própria. Depois do 11 de setembro de 2001, os atentados de Londres, Madri e Nairóbi foram menos eficazes já que não deflagraram a revolta das massas. O 13 de novembro foi um passo em falso. Estamos bem longe da guerra civil.

Qual é a genealogia do jihadismo de terceira geração?

A primeira é a jihad no Afeganistão, entre 1979 e 1997. O Exército Vermelho invade o país. Os Estados Unidos auxiliam na criação de um movimento jihadista sunita, financiado sobretudo pelos sauditas e pelos emirados do Golfo. Seus homens são treinados e armados pela CIA, que persegue dois objetivos: pegar o urso soviético numa armadilha e lhe infligir um Vietnã no Afeganistão; fazer com que o Irã, que se quer o herói do mundo muçulmano revolucionário, seja neutralizado pelos sunitas sauditas. A grande vitória é a dos mujahidins sunitas que vão obrigar os soviéticos a se retirar do Afeganistão em 15 de fevereiro de 1989.

Os jihadistas sunitas saem aureolados dessa extraordinária vitória. Dispostos a reencenar a saga do Profeta e de seus sucessores que destruíram o Império Persa Sassânida e depois Bizâncio. Eles, por sua vez, derrotaram Moscou e o comunismo. Agora podem se voltar para a Bizâncio contemporânea, os Estados Unidos. Primeiro, tentam duplicar a jihad afegã na Argélia e no Egito, mas fracassam. Os massacres do templo de Hatchepsut, em 1997, vão contra os interesses de um país que vive do turismo. Na Argélia, o GIA apareceu como o inimigo a ser eliminado. Assim desapareceu a primeira geração.

Como surgiu a segunda geração jihadista?

A primeira privilegiava a luta contra o inimigo próximo. A segunda privilegiou a luta contra o inimigo distante, os Estados Unidos. Foi o que a Al-Qaeda chamou de *duplo ataque abençoado* do 11 de setembro, em Nova Iorque e Washington. Um fracasso político já que ninguém se insurgiu na sequência. O terrorismo persegue duas metas: aterrorizar o adversário e consolidar apoios.

De quando data a terceira geração da jihad?

Ela nasce em torno do jordaniano Al-Zarqawi e do sírio Al-Suri a partir de 2005. É um processo dialético. A afirmação com a jihad afegã, a negação com Bin Laden que toma o contrapé, depois a negação da negação com Zarqawi, chefe do braço da Al-Qaeda no Iraque. Contrariamente às instruções de Bin Laden, que consistem em alvejar os norte-americanos e seus aliados, ele entra em acordo com a base sunita e saddamita para defender todos os sunitas contra a maioria xiita. Para além da ideologia islamista radical, o Daesh no Iraque adquire uma base de apoio muito forte entre as tribos sunitas e os antigos agentes de informação de Saddam Hussein que eram laicos e bebiam álcool. Para sobreviver, eles deixam crescer a barba e só bebem às escondidas...

Qual é o papel de Al-Suri?

Um papel ideológico. Num livro disponibilizado online em 2005, *Apelo à resistência islâmica mundial*, um texto de 1.600 páginas, ele explica que Bin Laden está enganado e que é preciso adotar uma jihad de baixo para cima. Uma jihad que permita mobilizar jovens para cometerem atentados não mais contra os Estados Unidos, é longe demais, difícil demais, mas sim no calcanhar de Aquiles do Ocidente: a Europa.

Passamos de Lênin a Gilles Deleuze. Não é mais uma organização piramidal com chefes que ordenam e executantes, é o rizoma deleuziano. Que usa imbecis locais dizendo-lhes para matar pessoas de suas redondezas. O que é preciso é semear o terror. É uma jihad de proximidade. A visão é simplista. Uma islamofobia maciça se desencadeará. Os muçulmanos então se alinharão atrás dos mais radicais, dando início à guerra civil. E finalmente o califado triunfará. Os terroristas querem polarizar a população. Querem que a extrema direita ataque as mesquitas, que os muçulmanos da França se reúnam atrás dos grupos mais radicais e que surjam guerras de enclaves e de guetos.

Como essa nova corrente toma corpo na França?

Essa jihad amadurece entre 2005 e 2012. Na comunidade de Artigat, no departamento de Ariège, composta de antigos esquerdistas que passam para a charia e a jihad. E também nas prisões. São as primícias do Daesh. Em Fleury-Mérogis, vi como Djamel Beghal, o francês mais graduado da Al-Qaeda, estava "isolado" logo acima das celas de Chérif Kouachi e Amedy Coulibaly. Os caras conversavam pela janela. Havia ioiôs pendurados entre os dois andares. Esse contato foi o momento fundador daquilo que, dez anos depois, culminou nos atentados de janeiro contra o *Charlie Hebdo* e o Hyper Cacher. Depois de sua liberação, Coulibaly é saudado como exemplo de reinserção, ao mesmo tempo que treina tiro ao alvo. É novamente preso por estar envolvido na tentativa de fuga de Ali Belkacem, o armeiro de Khaled Kelkal. E novamente libertado antes mesmo do fim de sua pena. A administração não poupa elogios a seu respeito: ele obteve um diploma de socorrista! Tiram seu bracelete eletrônico em maio de 2014, de tão formidável que ele é. E então ele pode se consagrar aos atentados de janeiro de 2015.

25 de novembro de 2015

Fundamentalistas, eu odeio vocês

Leïla Slimani, escritora

Quando eu era menina, no Marrocos, aprendíamos o Corão na escola. Uma parte da tarde era consagrada a recitar, de cor, passagens do livro santo. Para ser bem sincera, esqueci quase tudo. Só me restaram algumas ladainhas, cujo sentido sequer sei. E não estou nem aí. Mas o que não esqueci foi o dia em que nossa professora contou a história da aranha que, para proteger Maomé de seus inimigos, teceu uma teia na frente da grota onde o Profeta se refugiara. Eu tinha oito anos e pais humanistas que adoravam debates. Levantei-me e disse: "Mas é impossível! Uma aranha não pode fazer isso em tão pouco tempo". A professora veio até mim e me deu um tapa. "Você devia ter vergonha de insultar desse jeito Alá e o nosso profeta."

Quando voltei para casa, contei o que tinha acontecido aos meus pais. Tinha certeza de que seria consolada, talvez até vingada. Mas meus pais me puseram de castigo. "Deve compreender que às vezes é preciso se calar. Não provocar. Tem o direito de pensar o que quiser, mas guarde para si mesma. Com eles não se discute." Meus pais gostavam de Voltaire e das Luzes, mas amavam seus filhos. Estavam com medo. Estavam errados.

Depois da horrível carnificina vivida por Paris, hesitamos em falar, em escrever. Se for para usar palavras, que elas não sejam ocas. Pois é disso também que se morre: por excesso de mornidão, de compromissos, de cinismo. Falta ao nosso mundo, e especialmente aos nossos dirigentes, clareza, coerência e intransigência.

Temos que constatar que a *Realpolitik* não nos protege. Nossos inimigos riem de nossos cálculos ao mesmo tempo vãos e miseráveis. Querem nossa aniquilação a todo custo. Se é para morrer à toa, jantando num restaurante ou assistindo a um show, melhor morrer defendendo com firmeza nossas convicções. Não sou nem estrategista nem ideóloga. Não sei como se combate uma ameaça como essa. Mas estou certa de que é preciso, mais do que nunca, acreditar em nosso modo de vida, em nossa liberdade, e lutar contra a ideologia imunda desses assassinos. Devemos isso àqueles que foram mortos ontem.

Só tenho uma coisa a dizer aos bárbaros, aos terroristas, aos fundamentalistas de todos os tipos: odeio vocês. Temos que pisar firme, ser corajosos. Verdadeiramente franceses. Devemos dizer isso a nossos pretensos aliados sauditas, catarenses, e a todos os países muçulmanos onde, a cada dia, os conservadores, os reacionários, os misóginos ganham terreno. Dizer isso àqueles que compram nossas armas, dormem no conforto de nossos palácios e são recebidos por nossas instituições. Como explicar a nossos filhos que combatemos os bárbaros se nos aliamos a pessoas que crucificam opositores e apedrejam mulheres? Como explicar para eles que somos assassinados por nossos valores de liberdade, de feminismo, de tolerância, de amor pela vida humana se nós mesmos nos revelamos incapazes de defender esses valores?

Temos que parar de nos esconder atrás de um pseudorrespeito pelas culturas, num relativismo repugnante que não é mais do que a máscara de nossa covardia, de nosso cinismo e de nossa impotência. Eu, nascida muçulmana, marroquina e francesa, eu lhes digo: a charia me faz vomitar.

Nunca fui nacionalista nem religiosa. Sempre fugi dos movimentos gregários. Mas Paris é minha pátria desde o dia em que me instalei aqui. Foi aqui que me tornei uma mulher livre, que amei, que tomei meu primeiro porre, que conheci a alegria, que tive acesso à arte, à música, à beleza. Em Paris, aprendi a paixão de viver.

"Que uma cidade como essa", escrevia Victor-Hugo, "que uma capital assim, que semelhante foco de luz, esse centro dos espíritos, dos corações e das almas, que tamanho cérebro do pensamento universal possa ser violado, quebrado, tomado de assalto, por quem? Por uma invasão selvagem? Não pode ser. Não há de ser. Nunca, nunca, nunca! Paris triunfará, sob uma condição: que você, eu, nós todos que estamos aqui sejamos apenas uma alma; sejamos um só soldado e um só cidadão, um só cidadão para amar Paris, um só soldado para defendê-la."

Hoje, mais do que nunca, percebo a beleza de minha cidade. Eu não a trocaria por nenhum dos paraísos que os loucos de Deus prometem. Suas fontes de leite e de mel não valem o Sena. Paris por quem serei um soldado. Paris, que é tudo aquilo que vocês odeiam. Uma mescla sensual e deliciosa de línguas, de peles e de religiões. Paris onde as pessoas se beijam na boca nos bancos das praças, onde se pode escutar no fundo de um café uma família brigando por opiniões políticas e terminar a noite brindando ao amor. Hoje à noite, nossos teatros, nossos museus e nossas bibliotecas estão fechados. Mas amanhã abrirão de novo, e somos nós, filhos da pátria, incréus, infiéis, simples *flâneurs*, adoradores de ídolos, bebedores de cerveja, libertinos, humanistas, que escreveremos a história.

14 de novembro de 2015

“O terrorismo visa os espíritos e as vontades”

Gérard Chaliand, geoestrategista

Entrevista realizada por Laurent Greilsamer e Manon Paulic

Qual a especificidade do Daesh na história do terrorismo?

O Daesh é, em primeiro lugar, um movimento que se quer estatal, um proto-Estado. Seus dirigentes se estabeleceram em dois países, o Iraque e a Síria, apagando uma fronteira. E ocupam um território muito grande, embora desértico em boa parte.

O Estado Islâmico não é uma organização terrorista clássica. Ele utiliza ao mesmo tempo os meios da guerra, da guerrilha e do terrorismo. Mobiliza tanto homens aptos para o choque frontal da batalha quanto jihadistas dispostos ao martírio.

Além disso, a jihad nunca tinha atraído tanta gente: entre 20.000 e 30.000 pessoas se engajaram. O Estado Islâmico é craque no manejo das redes sociais para recrutar adeptos e apavorar a sociedade do Outro de maneira a estar sempre presente nas cabeças.

Finalmente, a teatralização do horror é extremamente útil para ele. Pode ser designada como terrorista, dizia em substância Raymond Aron, uma ação cujo impacto psicológico supera em muito seus efeitos físicos. O terrorismo visa os espíritos e as vontades. É o seu objetivo. O rumor do golpe por vir deve participar do terror. Os assassinos do Daesh matam de maneira espetacular. Impõem-se através de um sistema midiático, digno de Hollywood, que disfarça sua fraqueza militar. Pois, se fossem tão fortes assim, já estariam em Damasco.

O principal inimigo do Daesh está na Síria, no Iraque ou no Ocidente?

Sua preocupação principal permanece a região árabe-muçulmana. A França e, de maneira geral, o Ocidente permanecem secundários, por mais que o Daesh sonhe atacar em toda parte. Seu principal rival é a Jabhat al-Nusra, uma emanação da Al-Qaeda.

O senhor acha que o Daesh acabará sendo vencido. Por que razões?

Porque, no tabuleiro sírio, o Daesh sofre a intensa concorrência da Jabhat al-Nusra. Esse grupo é composto de sírios, ao contrário do Daesh. Seus membros têm a vantagem de estarem estabelecidos em cidades e em zonas povoadas. E, no momento atual, a conjuntura é favorável a eles: a Turquia, a Arábia Saudita e o Catar entraram em acordo para ajudá-los financeiramente. Isso não é pouca coisa. O futuro do Daesh não está nem um pouco assegurado.

Já no Iraque, ele controla a região sunita. Ali será mais difícil desalojá-lo. Seus homens são sunitas e iraquianos, como a população, mas o que têm a oferecer? Quando tomam o poder, são bem vistos, pois restabelecem a ordem. Porém, logo em seguida, mostram-se moralistas ferrenhos e não acenam com nenhuma perspectiva de crescimento. Vocês já leram ou ouviram no programa deles a palavra "trabalho"?

Como o senhor analisa a situação francesa?

Nós fomos ao mesmo tempo bem-sucedidos e malsucedidos na integração. Fomos parcialmente malsucedidos porque era do interesse do aparelho do Estado que os marginalizados se virassem com a droga. Uma parte significativa das periferias vive dos tráficos paralelos que a polícia deixou que se desenvolvessem.

Hoje, um duplo movimento se produz na França. De um lado, os salafistas se aproveitam de nosso liberalismo para pôr véus em suas mulheres, casarem-se entre si, comprar unicamente produtos muçulmanos. Eles trabalham em cima da separação, da recusa dos valores ocidentais. Uma espécie de apartheid. Do outro, jovens sem escolaridade deixam-se tentar pela aventura jihadista. Evoluem entre o universo da delinquência e o terrorismo. É o itinerário seguido nos últimos vinte anos: prisão, religião, terrorismo...

O respeito à ordem legal acabará por prevalecer, pois a França é um estado forte, apesar das aparências. Poderíamos responder no terreno deles, neutralizar os poucos milhares de homens do Daesh, se aceitássemos a ideia de perder soldados. Mas não temos mais essa vontade. É a lei do "risco zero": nenhum homem em terra. Ao menos por enquanto.

Pode-se falar de uma renovação do terrorismo depois da Segunda Guerra Mundial? De uma mudança de natureza?

O terrorismo, que tinha antes alvos bem escolhidos, torna-se um terrorismo cego. Nessa nova fase, os meios de comunicação desempenham um papel muito importante. Foi um líder palestino, chefe da Frente Popular de Libertação da Palestina (FPLP), Georges Habache, que, em 1968, desviou pela primeira vez um avião de passageiros, uma aeronave da companhia EL AL que fazia o trajeto Roma-Tel Aviv. Esse movimento, que se revelava incapaz de organizar uma guerrilha contra Israel como tinha proclamado, recorre então ao terrorismo. E, com uma única cartada, projeta no espaço mundial a questão palestina, até então percebida como uma simples questão de refugiados. Ele politiza sua causa. Quando desse primeiro desvio de avião, não mata ninguém. Busca unicamente a maior ressonância. Depois passará a uma fase mais avançada para atrair a atenção. O terrorismo propriamente dito.

Quais são os outros níveis depois desse momento inaugural?

O atentado do 11 de setembro de 2001 representa o ápice do terrorismo clássico. A Al-Qaeda ainda luta sem armas químicas, sem armas biológicas, sem armas de destruição em massa. Por mais que tenha atingido as consciências, o atentado permanece o feito de um bando que tomou o controle e os comandos de dois aviões civis usando estiletes: o mínimo do mínimo. Eles estavam determinados a se sacrificar. A operação, do ponto de vista deles, foi um perfeito sucesso.

Como a comunicação evoluiu da Al-Qaeda ao Daesh?

Passou-se da prédica ao espetáculo. Em 1991, durante a guerra do Golfo, a comunicação foi garantida em 95% pela CNN. Sabemos que havia imagens falsas ou censuradas. A Al-Jazeera chegou mais tarde, timidamente. Agora, o Daesh produz imagens notáveis. Essa organização tem entre seus membros engenheiros de som e programadores competentes. Soube se impor no mercado da comunicação. O desafio se situa no nível das opiniões públicas, tudo depende disso. A propaganda do Daesh é transmitida em 13 línguas!

Não podemos subestimar o impacto do que está sendo semeado. A Arábia Saudita, desde 1973, não parou de investir numa reislamização, da África negra à Indonésia. Eles forneceram dinheiro para construir escolas corânicas, mesquitas, incitar as mulheres a vestirem a burca. Os efeitos são consideráveis. Eles têm sua própria agenda. Como a Turquia, que ajudou o Daesh no intuito de enfraquecer o poder de Bashar al-Assad.

18 de novembro de 2015

O feudo do terror

Olivier Weber, escritor e repórter de guerra

Iraque do Norte. Para chegar à linha de frente anti-Daesh é preciso se submeter a uma verdadeira gincana. *Check-points* móveis, *bunkers*, resistentes curdos emboscados atrás de sacos de areia. O céu entre Kirkuk e Tikrit ainda está claro, mas a terra está manchada de sangue e de poças de petróleo, o combustível da guerra. Então uma espécie de *no man's land* se estende à direita da estrada de terra, caos interminável de casas destruídas, fazendas dinamitadas, tratores calcinados, fábricas em coma prolongado. O setor está recheado de minas e armadilhas, até em eletrodomésticos abandonados. Um pouco mais adiante, os resistentes encontraram pílulas, drogas, fenetilina ou outras anfetaminas utilizadas pelos matadores fundamentalistas para se desinibir.

Para além dali se estende o feudo do Daesh, o reino do terror negro, o reservatório da radicalidade absoluta. Uma barbárie polimorfa que extrai daí toda sua força. Razzak, o combatente curdo que me acompanha, de camisa cáqui e calças largas, é inigualável na arte de evocar a estratégia de seus inimigos e seu gosto pela terra queimada. "Eles chegaram à planície e devastaram tudo antes de fugir perseguidos por nossas forças."

Razzak, excelente atirador, sabe que atrás do montículo de terra que margeamos se escondem *snipers* do Estado Islâmico, entre os quais mercenários chechenos que recebem até 7.000 dólares por mês. A 30 quilômetros de Kirkuk, a grande cidade petroleira do norte do Iraque, os combates são intensos. "Somos os últimos baluartes, repete Razzak. Se eles penetrarem aqui, são capazes de se espalhar por todo Iraque." Kirkuk é a Jerusalém dos curdos. Uma cidade que se estende por dezenas de morros de areia; dos quais emergem torres de perfuração e sob os quais correm 3 mil quilômetros de oleodutos, tubos diversos, ligações entre poços. Um cafarnaum de concreto e nafta. Quando Mossul caiu nas mãos do Daesh, em 10 de junho de 2014, quase sem combates, os curdos se lançaram para Kirkuk e seus arredores num assalto relâmpago. A cidade é controlada por eles, o petróleo dela também. E o Daesh cobiça essas jazidas de ouro negro.

Mais ao sul, à medida que a picape percorre o *front*, Razzak fica cada vez mais nervoso, fumando cigarro atrás de cigarro. "Deem-nos armas pesadas, canhões e mísseis, e limpamos tudo isso para vocês em seis meses, até na Síria!", ele diz apontando para o feudo do Estado Islâmico.

O veículo parou perto de um montículo de areia e terra. No topo, resistentes vigiam os movimentos dos fundamentalistas. Estão ali homens e mulheres de vários países, iraquianos, sírios, turcos, iranianos também, todos unidos contra os soldados do Daesh. Têm poucos armamentos, kalashnikovs, bazucas, metralhadoras 12.7. Quando se ouvem rajadas de tiros nos arredores, as mulheres nem se escondem. São amazonas de coragem e de paixão.

Logo à frente começa o território do Daesh. Um espaço do tamanho da Grã-Bretanha com 8 milhões de habitantes. Desde 2014, a organização radical subverteu a ordem de uma parte do mundo. Fronteiras transformadas; pseudocalifado autoproclamado abrangendo áreas de dois países, Iraque e Síria; vontade de levar a jihad para todo mundo árabe-muçulmano e para a Europa, considerada um calcanhar de Aquiles; um exército dúplice, convencional de um lado e composto de terroristas do outro, organizados em redes e células independentes no exterior, baseadas principalmente no islamo-gangsterismo. E, sobretudo, um enorme tesouro de guerra de dois bilhões de dólares – no mínimo 10 vezes o orçamento dos talibãs. Na linha de frente entre Kirkuk e Bagdá, o Daesh dispõe suas unidades de atiradores de elite e de carne de canhão, prontos para dar assalto à primeira ordem. Iraquianos e sírios, mas também mais de 5.000 combatentes estrangeiros: chechenos, norte-africanos, franceses, belgas, turcos... Todos eles partidários de uma sanguinária jihad sem fronteiras e da invasão da Europa por uma onda terrorista. Dos 30.000 combatentes do Estado Islâmico, 10.000 teriam morrido durante os 11.000 ataques da coalizão internacional desferidos desde 2014. Mas teriam sido prontamente substituídos. O braço francófono, por sua vez, não para de crescer, especialmente por sua capacidade de exportar projetos de atentados e por seus planos de comunicação sofisticados. Um movimento que se estruturou usando como reforço os antigos baathistas: os membros do partido Baath de Saddam Hussein, todos eles com codinomes, representam a grande maioria dos cinquenta principais dirigentes do Daesh.

Foi assim que pôde emergir essa estrutura única de movimento armado, apoiada em quatro pilares. Primeiro: um Estado em devir que o mundo ocidental subestimou durante dois anos. Segundo: a existência de redes infiltradas na maior parte dos países europeus, principalmente na França e na Bélgica. Terceiro: o recurso a técnicas de comunicação e de propaganda ultramodernas, desterritorializadas, com ramificações no mundo inteiro. Quarto: um cofre-forte bem guarnecido. Quatro características nunca antes reunidas por um grupo político ou religioso, que nunca vi em outro lugar nos 15 movimentos armados que cobri ao longo de 20 anos de reportagens de guerra. Nem mesmo na Al-Qaeda, que inicialmente serviu de mentor aos "daeshianos", mas que sempre rejeitou a ideia de um território. O Estado Islâmico obteve assim uma "capacidade de projeção impressionante", como afirmam os especialistas, capaz de atingir praticamente qualquer lugar no Oriente Próximo e na Europa. Ocupado em pensar esse terrorismo de uma maneira racional, o Ocidente não soube definir a natureza do perigo. "Não chegamos sequer a compreender as linhas de base", reconheceu, em dezembro de 2014, Michael Nagata, o chefe das operações especiais norte-americanas em uma nota extraoficial publicada pelo *New York Times*.

Já Rizgar Mustafa conhece muito bem seu inimigo e a linha de frente. Por muitos anos, ele fez parte dos peshmerga, as forças curdas que combateram contra o exército de Saddam Hussein. Herói da resistência, gravemente ferido – carrega até hoje três estilhaços de obus na cabeça –, declinou postos prestigiosos e preferiu criar uma escola franco-curda em Suleimânia, ao leste de Kirkuk. Entretanto, retomaria imediatamente as armas se sua cidade fosse ameaçada. Para ele, o Daesh se tornou tão poderoso porque os países ocidentais e da região fecharam os olhos para o crescimento do grupo e de suas rendas. "A Turquia, a Arábia Saudita e o Catar", garante ele, "financiaram o movimento desde o início." Ele roda na estradinha que margeia as trincheiras, ao alcance dos tiros dos islamistas de Al-Baghdadi, o chefe nominal do movimento, e analisa a tática do Daesh. Para começar, ataques suicidas a bordo de um Humvee, aqueles semiblindados norte-americanos em forma de escaravelho tomados do exército iraquiano e reforçados na parte da frente com blindagens pelos assaltantes. Em seguida, numa segunda onda, um assalto maciço de fanáticos, em formação compacta. "É difícil resistir a esse tipo de ataque", reconhece um comandante da resistência que perdeu 76 homens numa contraofensiva. Em seu bunker mal vedado, ele dá o troco aos agressores. Dispõe, é verdade, de preciosos informantes na região, pagos ou não. O último ataque dos islamistas foi espetacular. Em 3 de novembro, um comando consegue penetrar a linha de frente, chega à cidadezinha de Dibis e mata quatro policiais antes de ser eliminado. O Daesh quer mostrar que nenhuma muralha pode detê-lo. E que seus homens podem levar a guerra urbana até as grandes cidades europeias.

Enquanto o carro de Razzak continua seu caminho ao longo do *front*, Rizgar mostra um tubo à direita, um oleoduto que liga um poço de petróleo à refinaria mais próxima. O ouro negro não passa mais por esse cano, mas do lado do inimigo o petróleo escorre aos borbotões.

Ao longe, distinguem-se as chamas dos poços incendiados. Entre os campos iraquianos e sírios, o Estado Islâmico conta com uma produção de 50.000 a 80.000 barris por dia, mais ou menos refinados. O petróleo, a seguir, é vendido por um preço que varia entre 12 e 18 dólares o barril para as tribos sunitas da região, que o apoiam na prática. Ou às vezes diretamente aos turcos e aos jordanianos. Os contrabandistas, como se sabe, não estão nem aí para as fronteiras, ainda mais no Oriente Médio. Alguns chegam a ganhar 300.000 dólares por mês com o ouro negro. A extorsão representa outro importante recurso. Os quadros do movimento fundamentalista, ajudados pelos membros dos antigos serviços secretos de Saddam Hussein, buscam incessantemente pessoas para sequestrar: comerciantes, engenheiros, membros de grandes famílias, chefes de tribos. Um verdadeiro tesouro – entre 600 e 800 milhões de dólares por ano – se constituiu assim pelo pagamento de resgates e pela extorsão, de Mossul a Raqqa, de Ramadi a Deir ez-Zor.

Assim, esse inimigo imperceptível consegue desenvolver sua estratégia de terror. Primeiro pela criação de um exército e em seguida pelo envio de comandos à Europa. O Velho Mundo "de antigos parapeitos" de Rimbaud não tem mais muralhas para eles. O exército? Ele se alimentou sobretudo de presas de guerra. Mossul não foi a menor delas. Quando da queda dessa cidade, em 2014, então com 1,3 milhão de habitantes, defendida por 36.000 soldados iraquianos, os combatentes do Daesh se apossaram de cerca de mil veículos blindados, armamentos pesados e mísseis num valor total de um bilhão de dólares, além de 500 milhões de dólares em dinheiro guardados nos subsolos do Banco do Iraque. Nenhum grupo terrorista jamais possuiu tantos blindados.

No campo de deslocados de Arbat, a leste de Suleimânia, escondem-se simpatizantes ou próximos do Daesh. Eles aplaudem assim que o Estado Islâmico se apodera de uma cidade, suscitando o pavor dos outros refugiados, entre os quais se encontram yazidis e curdos. Uma inacreditável coabitação do pavor. É precisamente dessas vítimas do terror que vêm cuidar o doutor Alain Serrie e sua equipe da DSF (Dor Sem Fronteiras). "A dor aqui é dupla: física e psicológica", afirma esse professor do hospital

Lariboisière, em Paris. E a tarefa é imensa, continua: "O sofrimento muitas vezes é tabu no oriente. Sobretudo para as mulheres vítimas de estupros". Aventureiro humanitário, Alain Serrie está em busca de fundos para salvar sua missão, única no mundo. Uma digna continuação da saga dos *french doctors*.

A algumas dezenas de quilômetros dali, o resistente Rizgar Mustafa, grande apreciador de poesia, sonha em aplicar a sentença de Louis Aragon: "Contra os violentos, devolva a violência". Pois a dualidade do Estado Islâmico, exército clássico e grupos terroristas, pode se revelar uma contradição insolúvel e levar à sua perda. Mas, por enquanto, é o Daesh que conduz a dança.

25 de novembro de 2015

"Devemos recear nosso angelismo em relação ao estado do mundo"

Michel Foucher, geógrafo

Entrevista realizada por Éric Fottorino

Em que medida e por que a França é um alvo do Estado Islâmico?

Desde setembro de 2014, a França se engajou, com a operação Chammal, na coalizão ocidental contra o Estado Islâmico no Iraque e na Síria. No Golfo Pérsico, o porta-aviões Charles de Gaulle completa as forças aéreas presentes na Jordânia e nos Emirados Árabes Unidos. A França também tem conselheiros militares atuando junto às forças curdas que progridem para atacar Raqqa, a "capital" do Estado Islâmico. O fato de a política exterior francesa apoiar o campo sunita contra o regime de Damasco não comove os jihadistas do Daesh. Estes insistem em seus vídeos de propaganda no "fim de Sykes-Picot", isto é, dos acordos que dividiram o Oriente Médio entre duas grandes potências, a França e o Reino Unido, em 1916, mas que logo foram superados. O que é visado aqui é a insistência da França, e da maior parte dos outros Estados, em manter a estabilidade das fronteiras do Oriente Médio opondo-se ao projeto de califado sem fronteiras ostentado pelo EI. Enfim, a França, por sua laicidade reafirmada e sua fé nos valores universais, é um obstáculo à promoção de uma outra visão do mundo por parte dos islamistas radicais.

Ouvimos dizer que estamos em guerra, mas de que guerra estão falando?

A guerra é o grande impensado dos europeus desde 1989. E isso por uma razão digna de respeito, já que a paz entre povos que se combateram por muito tempo é a base da construção da comunidade europeia. A guerra assume diversas formas: a das operações externas que visam estabilizar Estados, como nos países africanos do Sahel; ou também a de reação a ações terroristas de grande envergadura. O Daesh tem a prerrogativa da escolha do momento e do lugar. Como declarou o antigo juiz antiterrorista Marc Trévidic: "a verdadeira guerra que o Estado Islâmico pretende travar em nosso solo ainda não começou". Mas estamos nela desde o dia 13 de novembro de 2015. Trata-se de uma guerra assimétrica, que transpõe para o território francês as táticas inéditas dos kamikazes. A ameaça não procede mais apenas de indivíduos isolados, mas também de ações coordenadas e patrocinadas.

Como contra-atacar eficazmente?

A França e outros Estados europeus enfrentam ameaças transnacionais cujos mandantes estão no Oriente Médio e cujos executores são cidadãos europeus. Na escala do território nacional, torna-se incompreensível para os cidadãos que, muitas vezes, os autores identificados dos atentados sejam apresentados como "conhecidos dos serviços de informação" e que tenham já sido fichados pela vigilância e segurança do Estado, possuindo as chamadas fichas S. Os arquivos do FSPRT, órgão encarregado da prevenção contra a radicalização de caráter terrorista, recenseiam mais de 11 mil pessoas, 1.500 das quais ativas nas fileiras da jihad no Oriente. Se procedimentos de detenção preventiva podem ser eficazes e legais numa situação de urgência, por que não executá-los? De preferência, coordenando essa medida excepcional com os governos dos países vizinhos que servem de base recuada, como a Bélgica.

Outros países também estão sendo visados, se damos crédito ao porta-voz da organização não estatal Daesh: o Reino Unido ("Big Ben") pelas mesmas razões que a França, e a Itália ("Roma") como sede do papa.

O que devemos recear daqui pra frente?

Devemos recear sobretudo essas tentativas de carnificina, pois o futuro do Daesh nos territórios que controla hoje está longe de estar assegurado. Essa base territorial que lhe dá força – recursos, capacidade de recrutamento, de treinamento e de doutrinação – é também sua fraqueza tática, pois as forças curdas ao Norte e as ações da coalizão acabarão vencendo. O Daesh se preparou, portanto, para passar de uma lógica de território a uma lógica de rede internacionalizada e coordenada, a serviço de uma ideologia islamista de conquista.

Devemos também recear nossa falta de lucidez quanto às raízes desse fenômeno e nosso angelismo em relação ao estado do mundo. Nosso senso agudo de culpa nos leva a analisá-lo em termos econômicos e sociais, e, no que diz respeito ao Oriente, referi-lo a um passado colonial que, na realidade, foi bastante breve. O simples rebaixamento social não dá conta de explicar esse ódio absoluto, a determinação e o sangue-frio dos assassinos; eles são movidos por uma ideologia islamista radical que quer destruir o que somos, na Europa, e impor uma outra visão de mundo. Essa oferta ideológica, sustentada por um *corpus* elaborado, seduz jovens marginalizados manipuláveis que constituem os soldados de reserva do grupo dirigente do Estado Islâmico. Nesse contexto, é melhor fazer cessar a baixa contínua dos orçamentos de defesa e de segurança em sentido amplo, baixa que começou com a revolução democrática pacífica de 1989. Temos inimigos, não por assim querermos, mas sim porque fomos designados como tais.

18 de novembro de 2015

Um confronto apocalíptico

Jean-Pierre Filiu, historiador

Daesh, o tão mal nomeado "Estado Islâmico", é sob muitos aspectos uma Al-Qaeda que deu certo, de tanto que a organização de Abu Bakr al-Baghdadi aprendeu com os erros e falhas da matriz da jihad global. O Daesh se desenvolve como a Al-Qaeda (literalmente a "base" em árabe) na dupla dimensão da "base" vertical, a ancoragem física em um território determinado, e da "base" de dados, a rede transfronteiriça de jihadistas mundializados. Mas, diferentemente da Al-Qaeda, o Daesh conseguiu se apoderar de um território, de uma superfície comparável à da Jordânia, abrangendo parte da Síria e do Iraque, onde Baghdadi é o único senhor.

Osama Bin Laden, e depois Ayman al-Zawahiri, seu sucessor no comando da Al-Qaeda a partir de 2011, sempre dependeram de seus protetores talibãs, tanto no Afeganistão quanto no Paquistão. Além disso, aqueles confins afegano-paquistaneses eram isolados e só podiam ser alcançados após semanas de périplos complexos. O "Jihadistão" sírio-iraquiano, ao contrário, está apenas a algumas horas de avião e pouco mais de estrada da Europa ocidental, com uma facilidade de acesso que alimenta o recrutamento e a circulação. O Daesh também se tornou uma organização próspera, capaz de gerir ainda melhor sua rede internacional de grupos afiliados (no Egito, na Líbia ou no Iêmen) e de células infiltradas na medida em que exerce uma autoridade inconteste sobre esse "Jihadistão" médio-oriental. E é decerto o valor simbólico desse território, sobretudo em sua parte síria, que é o principal trunfo da propaganda jihadista. De fato, o "País de Sham" (Sham designando ao mesmo tempo Damasco e a Síria) deve, segundo tradições atribuídas ao profeta Maomé nos primeiros tempos do islã, ser o palco de um confronto apocalíptico entre o exército muçulmano e o dos "Roum", não os romanos, mas sim os ortodoxos.

Segundo a profecia, esse choque deve ocorrer no norte da Síria, entre as localidades de Amaq e de Dabiq, sendo que o Daesh deu o nome da primeira a uma de suas "agências de notícia" e o da segunda a sua principal revista on-line. Sempre de acordo com a profecia, os cristãos intimarão os muçulmanos a lhes entregar os "convertidos", o equivalente contemporâneo dos "voluntários" jihadistas ligados ao Daesh. A recusa dos muçulmanos levará a uma pavorosa batalha em que um terço deles perecerá e outro terço abandonará o combate. O terço que continuará a batalha chegará, no entanto, a uma vitória fulgurante, prelúdio ao triunfo absoluto do islã e do juízo final.

Assim sendo, pouco importa se Al-Baghdadi acredita ou não ser o instrumento dessa realização. O que importa é que essas profecias constituem um formidável argumento para seus sargentos recrutadores. Os "voluntários" que chegam aos milhares ao "Jihadistão", um fluxo que a retórica de cruzada da ofensiva russa só fez aumentar, ganham assim a convicção de integrar a comunidade dos eleitos, consolidada pela iminência do conflito final. Os aprendizes de feiticeiro do fim dos tempos só podem prosperar sobre as ruínas do País de Sham. Esperemos que não seja tarde demais para desmentir os profetas da desgraça.

25 de novembro de 2015

Preto

Robert Solé, escritor e jornalista

Embora a cor verde seja geralmente associada ao islã, foi o preto que os jihadistas adotaram, especialmente o Daesh. Não se trata de uma homenagem ao petróleo, como se poderia pensar, ainda que esse ouro lhes tenha sido – e ainda seja – muito útil. A escolha tem razões mais distantes no tempo. O Estado Islâmico no Iraque e no Levante, que vive no século VI, reivindica um dos dois estandartes atribuídos ao Profeta: não o branco, destinado a negociar, mas o preto, para fazer a guerra.

Devemos reconhecer que essa cor cai muito bem para barbudos de olhar sombrio que transformam suas esposas em fantasmas. Eles próprios não se confundem com as trevas? Seus filmes de propaganda os mostram com capuzes pretos, brandindo fuzis que não são de chocolate, com fundos de colunas de fumaça. O arco-íris está ausente dessa paisagem.

Por certo, o vermelho também poderia convir a uma empreitada de carnificina especializada cujas sucursais se multiplicam mundo afora. Mas do que serviria isso? O sangue seca rápido e fica preto.

Mas há um raio de esperança. E é a física que o emite. Parece que o preto não é escuridão total. A percepção visual do ser humano não corresponde necessariamente à realidade. Seria preciso todo um número do jornal *Le 1* para explicar essa história de fótons e campos cromáticos. Aceitemos ao menos a ideia de que ninguém está fadado a permanecer a vida inteira nas trevas e de que até o mais furioso dos jihadistas pode, um dia, perceber que o céu é azul e que lhe venderam gato por lebre.

25 de novembro de 2015

Dossiê

Estabelecido por *Manon Paulic* e *Pierre Vince*

Dez perguntas sobre o Daesh

O que é o Daesh?

Daesh, acrônimo árabe de "Estado Islâmico no Iraque e no Levante", é uma organização terrorista de ideologia salafista que prega a jihad armada. Fundado por Abu Bakr al-Baghdadi a partir de uma facção dissidente da Al-Qaeda, em 29 de junho de 2014, data também do restabelecimento do califado, o Estado Islâmico (EI) é atualmente a organização jihadista mais poderosa do mundo em termos de efetivos e rendas.

Como ele nasceu?

Iniciado pelo jordaniano Abu Musab al-Zarqawi depois da invasão norte-americana de 2003, seguida da ascensão ao poder dos xiitas, o movimento tira sua força da frustração dos sunitas do Iraque, intensamente marginalizados. Ao se tornar chefe da Al-Qaeda no Iraque, esse antigo empregado de um videoclube numa cidadezinha do interior consegue reavivar a rivalidade histórica entre sunitas e xiitas. Em frequente oposição com seu superior, o chefe espiritual Osama Bin Laden, Al-Zarqawi se liberta progressivamente da tutela da grande rede jihadista. Ao morrer durante um ataque norte-americano em 2006, Al-Zarqawi já tinha consolidado as bases do futuro Estado Islâmico, cuja emergência será mais tarde favorecida pelo apoio logístico e financeiro da Turquia e de algumas entidades privadas sauditas.

Quais são seus objetivos?

O objetivo prioritário do Daesh é o restabelecimento do califado, abolido por Atatürk em 1924. Pelo viés da jihad armada, a organização quer instaurar um Estado regido pela lei islâmica, a "charia", e governado por um só chefe político e religioso. Em 29 de junho de 2014, ao destruir simbolicamente com escavadeiras o muro de areia que separa a Síria do Iraque, o Daesh anunciou ter atingido sua meta. O grupo terrorista busca agora estender sua influência o mais longe possível e ganhar para sua causa o maior número de sunitas.

Quem dirige o Daesh e quem são seus membros?

Dispomos de poucas informações sobre Abu Bakr al-Baghdadi, califa autoproclamado do Daesh. Paranoico e desejoso de manter uma aura mística, ele só aparece em público ou em vídeo em raras ocasiões. O órgão mais importante do Daesh é o Conselho da charia. Dividido em sete comitês, o Conselho reúne religiosos salafistas de alto escalão, chamados de muftis. Estes, majoritariamente iraquianos, aconselham Al-Baghdadi, validam seus discursos, controlam as mídias do grupo, formam os últimos recrutas, definem as sanções e os modos de execução dos reféns. O chefe do Daesh, que deve sua formação a antigos oficiais de Saddam Hussein encontrados na prisão, cercou-se também de 8 a 13 oficiais iraquianos; eles formam o Comitê Militar do EI. Estima-se que a organização tenha entre 20.000 e 30.000 combatentes em suas fileiras, recrutados em 110 países diferentes.

O ESTADO ISLÂMICO
ENTRE O TIGRE E O EUFRATES

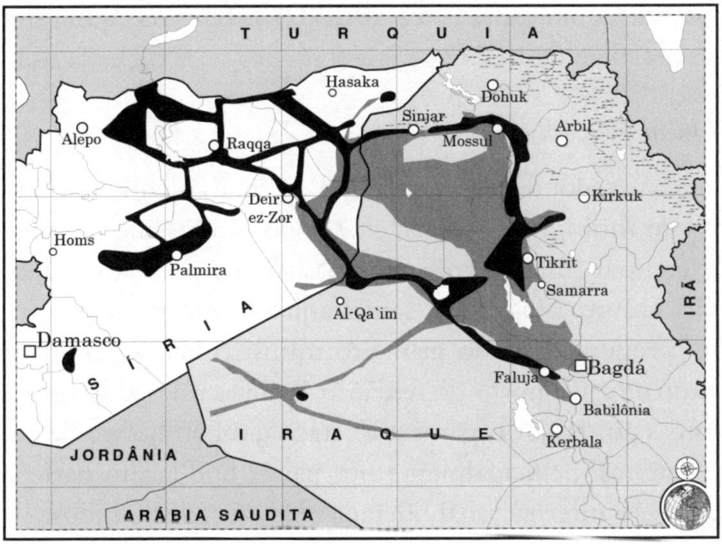

0 50 200 km

Zonas controladas pelo Estado Islâmico (Daesh)

Regiões que apoiam o Daesh (áreas tribais sunitas)

Fonte: Institute for the Study of War (exército dos Estados Unidos), novembro de 2015.

Onde o EI está instalado?

No "triângulo sunita" que abrange uma parte da Síria e do Iraque. O território controlado pelos jihadistas do Daesh se estende de Palmira a Mossul, cujo acesso direto foi cortado em 13 de novembro de 2015 depois da retomada de Sinjar pelos curdos. O Daesh também está instalado entre Raqqa e Faluja. Além de Sinjar, ele perdeu Tikrit e Kobanî, mas se estendeu em direção à fronteira sírio-turca. A cidade síria de Raqqa faz atualmente o papel de "capital" política, enquanto Mossul concentra a atividade econômica do grupo terrorista. Desde a proclamação do califado, a influência do Daesh não para de crescer. Ele se estende agora sobre cerca de 300.000 Km^2, o equivalente à superfície da Itália.

Quem o Daesh combate?

Ao redor de suas instalações, o Estado Islâmico enfrenta vários inimigos. Na Síria, ele se opõe ao mesmo tempo ao exército regular do presidente Bashar al-Assad e ao Exército Sírio Livre. No Iraque, seus ataques visam principalmente o regime xiita do primeiro ministro Haider al-Abadi, enquanto no norte da região o EI busca desestabilizar as forças curdas. A organização ataca também longe de suas fronteiras, principalmente nos países que fazem parte da coalizão internacional liderada pelos Estados Unidos.

Quais são seus modos de ação?

A estratégia do Daesh se baseia ao mesmo tempo na propagação do terror e na instauração de um Estado organizado. Para insuflar o medo mundo afora, o Estado Islâmico usa muito as redes sociais, principalmente o aplicativo russo Telegram. Essas plataformas servem para sua comunicação interna e para difundir mensagens, imagens e vídeos de terror filmados de acordo com os métodos do cinema hollywoodiano. A organização ainda tira grande proveito do interesse das mídias ocidentais, sempre à espreita do menor atentado perpetrado pelo grupo. Desde seus primeiros momentos, o EI joga também com as clivagens existentes no seio das sociedades, método que lhe permitiu relançar a guerra entre sunitas e xiitas no Iraque, e que tenta agora aplicar na França opondo muçulmanos e não muçulmanos. Nas cidades ocupadas, o Daesh se inspira na tática do Hezbollah, uma milícia xiita baseada no Líbano. Atendendo às necessidades elementares dos habitantes, ele tenta angariar seu apoio. Foi assim que vimos os jihadistas restabelecerem a eletricidade, a água e o telefone, limparem as ruas, abrirem hospitais, ou ainda assegurarem a educação islâmica dos mais jovens. Por outro lado, a população é submetida a uma aplicação estrita da charia, que implica a execução de castigos tais como a flagelação e a amputação da mão.

Como ele é financiado?

Para manter seu orçamento colossal, estimado entre 1,2 e 3 bilhões de dólares anuais, o EI conta com numerosas fontes de financiamento, a começar pelas riquezas naturais da região. Uma dezena de campos petrolíferos foi capturada no leste da Síria e no norte do Iraque. Uma vez refinado, o petróleo é traficado no mercado negro para contrabandistas turcos. No norte do "País de Sham", uma grande planície agrícola sob seu controle produz algodão e cereais, garantindo-lhe uma renda suplementar. Outra fonte de financiamento: os impostos locais cobrados dos habitantes das cidades ocupadas, especialmente dos funcionários públicos que continuam sendo pagos pelas autoridades de Damasco e de Bagdá. A organização vive também da extorsão, de resgates pagos em troca de reféns, do tráfico de mulheres escravas, geralmente yazidis, de pilhagens e do contrabando de objetos antigos roubados de sítios arqueológicos e exportados através da Turquia. Por fim, o EI se beneficia das reservas em dinheiro do Banco Central de Mossul de que se apoderou junto com a cidade e seu arsenal militar em junho de 2014. O butim se elevava então a 500 milhões de dinares iraquianos, o equivalente a 450 milhões de dólares.

Quem são seus aliados?

O Daesh conta com o apoio de outros grupos jihadistas como o Boko Haram na Nigéria ou o Ansar Bait al-Maqdis no Egito. Diversas organizações terroristas lhe prestaram vassalagem, especialmente no Afeganistão, no Paquistão e na Líbia. Existem ainda células que se dizem pertencentes à organização na Arábia Saudita, no Iêmen e na Turquia.

Quem combate o Estado Islâmico?

Desde setembro de 2014 uma coalizão internacional reúne suas forças para tentar vencer o grupo jihadista. Lançada pelos Estados Unidos, ela conta entre seus membros os Emirados Árabes Unidos, o Bahrein, a Arábia Saudita, o Catar e a Turquia, cujas posições nem sempre foram muito claras. Certo número de financiamentos obscuros do Daesh proviria dos países do Golfo. Quanto à Turquia, ela manteve por muito tempo suas fronteiras porosas, facilitando o tráfico de armas, de pessoas e de drogas, assim como a passagem de voluntários europeus para a jihad. O inimigo principal do EI continua sendo o Irã, grande potência xiita que apoia Bagdá e Damasco colocando à sua disposição seus pasdarans, guardiães da revolução islâmica. Caucionado pela Rússia de Vladimir Putin, o Irã é o apoio-chave de Bashar al-Assad.

Cifras-chave

Entre 20.000 e 30.000 combatentes

Graças a uma propaganda muito eficaz, o Daesh atrai milhares de jovens estrangeiros originários de 110 países diferentes. Os principais contingentes vêm da Tunísia (5.000), da Arábia Saudita (2.275), da Jordânia (2.000), da Rússia (1.700) e da França (1.550).

Um orçamento de 1,2 a 3 bilhões de dólares

Os recursos do EI provêm principalmente do petróleo (500 milhões de dólares), dos impostos cobrados em seu território (300 milhões), da agricultura (200 milhões), do tráfico de antiguidades (100 milhões) e de sequestros (40 milhões). Com a tomada de Mossul em junho de 2014, o Daesh se apoderou das reservas do Banco Central do Iraque, que se elevavam a 450 milhões de dólares. Acredita-se que organizações privadas da Arábia Saudita, do Catar e da Turquia também participem do financiamento do EI.

Um território de 300.000 km²

Em junho de 2015, o Daesh controlava uma superfície do tamanho da Itália, com quase 10 milhões de habitantes. Uma grande parte desse território é desértica.

1.191 mortos

Fora do território que controla no Iraque e na Síria, o EI reivindicou oficialmente 45 ataques mortíferos em 14 países entre setembro de 2014 e novembro de 2015. Esses ataques causaram a morte de 1.191 pessoas e fizeram milhares de feridos. Os ataques mais mortíferos ocorreram no

Egito, no Iêmen e na Líbia. Paris é a segunda cidade mais atingida em número de mortos.

Cronologia

2003. *Março*: Uma coalizão internacional liderada pelos Estados Unidos invade o Iraque. O presidente Saddam Hussein é derrubado.

2006. *Junho*: Morte, durante um ataque norte-americano, de Abu Musab al-Zarqawi, chefe da Al-Qaeda no Iraque e iniciador do Daesh.
Outubro: Proclamação do Estado Islâmico no Iraque (EII) pelo Conselho dos mujahidin no Iraque. Essa nova entidade reúne a célula local da Al-Qaeda e cinco outros grupos jihadistas.

2010. *Maio*: O jihadista iraquiano Abu Bakr al-Baghdadi assume o comando do EII.

2013. *Março*: Primeira grande conquista do EII: a cidade de Raqqa que se torna sua "capital" política.
Abril: O EII se afasta da Al-Qaeda. Torna-se o "Estado Islâmico no Iraque e no Levante" (EIIL) e anuncia sua fusão com o grupo jihadista sírio Jabhat al-Nusra. Mas este se recusa, preferindo aliar-se à Al-Qaeda. Início das relações conflituosas entre os dois grupos.

2014. *Janeiro*: Tomada de Faluja, cidade sunita situada 70 quilômetros a oeste de Bagdá.
Junho: Tomada de Mossul (cerca de 2 milhões de habitantes), de seu arsenal militar e das reservas do Banco Central do Iraque. Al-Baghdadi se autoproclama então "califa" de um Estado virtual entre o Iraque e a Síria. O EII se torna o "Estado Islâmico" (EI) e abandona qualquer limite geográfico.

Julho: Primeira aparição filmada do "califa" na Grande Mesquita de Mossul, e publicação on-line do primeiro número da revista oficial do EI, *Dabiq*.
8 de agosto: Primeiros ataques aéreos dos Estados Unidos, realizados a pedido do Iraque para evitar um "genocídio" das minorias ameaçadas pelo EI. O envio de tropas terrestres é excluído.
19 de agosto: O EI decapita seu primeiro refém, o jornalista norte-americano James Foley. O vídeo da execução é amplamente difundido nas redes sociais.
Setembro: Formação de uma coalizão internacional de 60 países contra o EI, seguida dos primeiros ataques na Síria.

2015. *Janeiro*: Os curdos retomam o controle da cidade de Kobanî, na fronteira entre a Síria e a Turquia. Primeira grande derrota do EI. Na França, o jihadista Amedy Coulibaly mata uma policial e quatro clientes de um supermercado judeu. Sua mulher Hayat Boumeddiene confirma a fidelidade total do marido ao EI.
Março: O grupo terrorista nigeriano Boko Haram presta vassalagem ao EI.
Abril: Segunda derrota do EI em Tikrit, cidade natal de Saddam Hussein, vencido pelas autoridades iraquianas, as milícias xiitas e os pasdarans iranianos.
Maio: O EI se apodera do sítio arqueológico de Palmira, ponto estratégico para chegar a Damasco. A localidade é pilhada e destruída.
Junho: O EI é novamente derrotado pelos curdos em Tal Abyad, seu ponto de aprovisionamento na fronteira turca.

26 de junho: O EI reivindica um triplo ataque fora de seu território: um homem decapitado em Isère, na França; 38 turistas mortos por um atirador solitário num complexo hoteleiro de Sousse, na Tunísia; e ao menos 27 mortos na explosão de uma mesquita xiita no Kuwait.

ATAQUES DO ESTADO ISLÂMICO PELO MUNDO

Fonte: *International New York Times*, 15 de novembro de 2015.

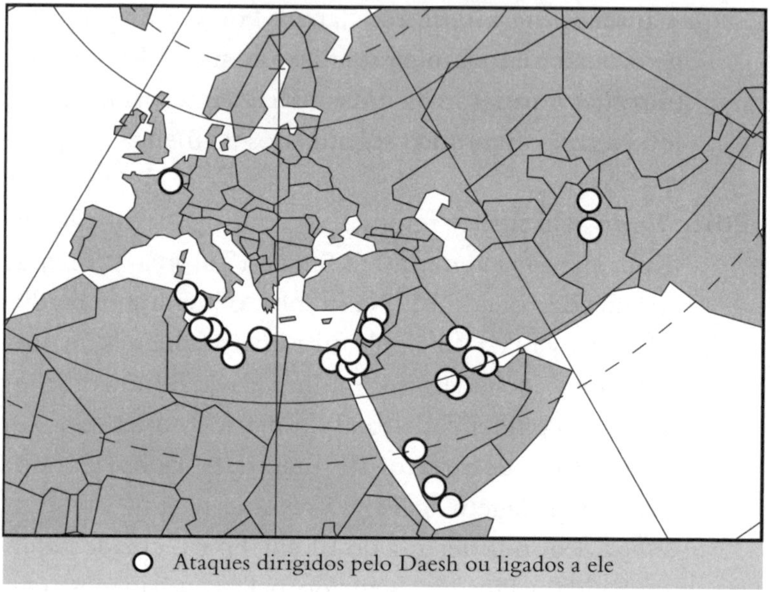

12 de novembro: Um duplo atentado suicida num bairro xiita de Beirute deixa 44 mortos.

13 de novembro: Uma série de atentados suicidas visando a cidade de Saint-Denis e os 10° e 11° *arrondissements* de Paris deixam ao menos 130 mortos. Foram atacados restaurantes, uma sala de concertos e o Stade de France, onde o presidente François Hollande assistia a uma partida de futebol entre a França e a Alemanha.

Glossário

Califado

Instituição própria ao islã, surgida após a morte do profeta Maomé para garantir sua sucessão no exercício do poder. O califa, "sucessor" em árabe, torna-se o chefe da comunidade muçulmana. Entre os sunitas, é escolhido em função de seu pertencimento à tribo de Maomé e dos serviços prestados à causa do islã. É designado pelos membros mais representativos da comunidade. Para os xiitas, o califa deve ser um descendente direto da família do Profeta através da única herdeira deste, sua filha Fátima.

Charia

A charia designa a "lei divina". É composta do Corão, revelação que restitui a palavra profética, e da suna, *corpus* de textos que retraçam a vida do Profeta. A suna é interpretada pelos cádis (juízes muçulmanos), os imames (guias espirituais) e os ulemás (teólogos).

Islamismo

Originalmente, termo que designa o islã como religião e civilização. Ao longo do século XX, o islamismo adquiriu um sentido quase exclusivamente político e tende hoje a qualificar o islã fundamentalista, tradicionalista e prosélita, adepto da violência. Os islamistas exigem a aplicação estrita das prescrições da charia, considerando que algumas delas foram abandonadas, principalmente por influência dos países ocidentais.

Jihad

A jihad remete à realização de um esforço individual (jihad maior: combate contra as paixões da alma, altruísmo, elevação individual) assim como ao engajamento na guerra para a promoção do islã contra os infiéis (jihad menor). Essa distinção é atribuída a um hadith (ato e discurso) do Profeta. A teoria da jihad como cruzada religiosa contra os infiéis só surge no século IX.

Salafismo

Movimento islâmico surgido no século XIX em reação à expansão da influência europeia no mundo árabe. Considerado às vezes como sectário, o salafismo defende um islã das origens (*salaf* em árabe significa "ancestral") e uma aplicação estrita da charia. O salafismo influenciou, entre outros, a Irmandade Muçulmana, fundada no Egito em 1928, e os primeiros membros da rede Al-Qaeda.

Sunismo e xiismo

O sunismo é um dos dois principais ramos do islã e representa cerca de 85% dos fiéis no mundo. O grande cisma entre sunitas e xiitas ocorreu em 632, quando da morte do profeta Maomé, já que os fiéis não estavam de acordo quanto à escolha de um "califa" (sucessor). O genro do Profeta, Ali, reivindicou a sucessão, alegando ser esse o desejo de Maomé. Aqueles que o apoiavam foram denominados xiitas. Os sunitas, que acabaram vencendo, afirmavam que cabia aos representantes da comunidade muçulmana apontar o sucessor.

Para saber mais

MEDDEB, Abdelwahab. *La maladie de l'islam*. Paris: Le Seuil, 2002. [Edição brasileira: *A doença do islã*. Tradução de Cleonice Paes Barreto Mourão. Belo Horizonte: Ed. UFMG, 2003.]

O fundamentalismo é de fato a doença do islã segundo o ensaísta recentemente falecido. Um integrismo alimentado pelos contrassensos mortíferos dos semiletrados muçulmanos que invadem o espaço público dos fiéis.

ENZENSBERGER, Hans Magnus. *Le perdant radical: Essai sur les hommes de la terreur.* Traduction de Daniel Mirsky. Paris: Gallimard, 2006 [Edição espanhola: *El perdedor radical: Ensaio sobre los hombres del terror.* Traducción de Richard Gross. Barcelona: Anagrama, 2007.].

Nessa reflexão sobre o terrorismo, ao mesmo tempo um livro de história e um panfleto, o pensador alemão delineia um perfil psicológico dos candidatos ao terrorismo.

LUIZARD, Jean-Pierre. *Le piège Daech* [A armadilha Daesh]. Paris: La Découverte, 2015.

O historiador, grande especialista na região ocupada pelo Daesh, esclarece a atualidade efervescente à luz da História e analisa as razões da ascensão do grupo terrorista em escala local e mundial.

FRITEL, Jérôme e VILLENEUVE, Stéphan. *Daech, naissance d'un État terroriste* [Daesh, nascimento de um Estado terrorista], documentário, 2015.

Depois de um mês de enquete no Iraque, os dois jornalistas esboçam um retrato aterrorizante do Daesh. Filmado como um *road movie*, esse documentário nos leva às fronteiras, desfiguradas pela guerra, do território do Estado autoproclamado.

Este livro foi composto com tipografia Bembo e impresso em papel Off-White 80g/m² na Formato Artes Gráficas.